GÊNERO
PATRIARCADO
VIOLÊNCIA

Copyright © 2015, by Editora Expressão Popular

FUNDAÇÃO PERSEU ABRAMO
Instituída pelo Diretório Nacional do Partido dos Trabalhadores em maio de 1996.

EDITORA FUNDAÇÃO PERSEU ABRAMO
DIRETORIA
Presidente: Paulo Okamotto
Vice-presidente: Brenno Cesar Gomes de Almeida
Elen Coutinho, Monica Valente, Naiara Raiol, Alberto Cantalice, Alexandre Macedo de Oliveira, Carlos Henrique Árabe, Jorge Bittar, Valter Pomar
Conselho editorial: Albino Rubim, Alice Ruiz, André Singer, Clarisse Paradis, Conceição Evaristo, Dainis Karepovs, Emir Sader, Hamilton Pereira, Laís Abramo, Lincoln Secco, Luiz Dulci, Macaé Evaristo, Marcio Meira, Maria Rita Kehl, Marisa Midori, Rita Sipahi, Tassia Rabelo, Valter Silvério
Diretor responsável pela editora: Carlos Henrique Árabe
Coordenador editorial: Rogério Chaves
Assistente editorial: Raquel Costa
Equipe de revisão: Angélica Ramacciotti e Claudia Andreoti

Revisão: *Maurício Balthazar Leal e Dulcinéia Pavan*
Projeto gráfico, diagramação e capa: *ZAP Design*
Imagem da capa: Dor *(1909, Litografia sobre papel 31,5x23 cm)* – Lasar Segall, *1891 Vilna - 1957 São Paulo*. Acervo do Museu Lasar Segall-IBRAM/MinC
Impressão e acabamento: Paym

Dados Internacionais de Catalogação-na-Publicação (CIP)

S128g
Saffioti, Heleieth
    Gênero patriarcado violência. / Heleieth Iara Bongiovani Saffioti.-- 2.ed.—São Paulo : Expressão Popular : Fundação Perseu Abramo, 2015.
    160p.

Indexado em GeoDados - http://www.geodados.uem.br.
ISBN 978-85-7743-262-2

1. Patriarcado. 2. Mulheres – Violência. 3. Relações de gênero. I. Título.

CDD 396
Bibliotecária: Eliane M. S. Jovanovich CRB 9/1250

Todos os direitos reservados.
Nenhuma parte desse livro pode ser utilizada ou reproduzida sem a autorização da editora.

1ª edição: março de 2004 – Fundação Perseu Abramo
2ª edição: julho de 2015 – Expressão Popular / Fundação Perseu Abramo
11ª reimpressão: agosto de 2025

EDITORA EXPRESSÃO POPULAR
Alameda Nothmann, 806,
Campos Elíseos
CEP 01216-001 – São Paulo – SP
atendimento@expressaopopular.com.br
www.expressaopopular.com.br
🅕 ed.expressaopopular
🅞 editoraexpressaopopular

EDITORA FUNDAÇÃO PERSEU ABRAMO
Rua Francisco Cruz, 224 – Vila Mariana
04117-091 São Paulo – SP
Telefone: (11) 5571-4299
Fax: (11) 5571-0910
Correio eletrônico: editora@fpabramo.org.br

Heleieth Saffioti

GÊNERO
PATRIARCADO
VIOLÊNCIA

2ª edição

expressão
POPULAR

São Paulo – 2015

SUMÁRIO

NOTA EDITORIAL 7

INTRODUÇÃO 9

A REALIDADE NUA E CRUA 11

DESCOBERTAS DA ÁREA DAS PERFUMARIAS 41

PARA ALÉM DA VIOLÊNCIA URBANA 73

"NÃO HÁ REVOLUÇÃO SEM TEORIA" 101

REFERÊNCIAS BIBLIOGRÁFICAS 151

NOTA EDITORIAL

A primeira edição de *Gênero, patriarcado, violência* foi lançada em março de 2004. Inicialmente parte de uma coletânea resultante de primeira pesquisa da Fundação Perseu Abramo sobre a questão da mulher (*A mulher brasileira nos espaços público e privado*), a importante colaboração da professora Heleieth Saffioti requereu atenção especial. Devido à sua densidade e à relevância das questões que abordava, o trabalho tornou-se um livro à parte, compondo a coleção Brasil Urgente, da Editora Fundação Perseu Abramo.

Onze anos depois de seu lançamento e cinco após o falecimento da autora, este livro – já reimpresso por duas vezes – recebe agora uma nova edição nos marcos de uma parceria com a Editora Expressão Popular que recentemente reeditou uma das principais obras da autora: *A mulher na sociedade de classes – mito e realidade*.

Esta publicação não seria possível sem a solidariedade dos familiares de Heleieth, que na pessoa de Herbert Bongiovani, generosamente, nos autorizou esta reedição.

O livro mantém o mesmo texto original, de 2004. Apesar de os dados referentes à questão da violência contra mulher se referirem aos anos 1990 e início dos anos 2000 – o que poderia dar um caráter conjuntural ao texto – a perspectiva de análise de Heleieth Saffioti, calcada numa leitura a partir da ótica da luta de classes, a respeito da questão de gênero e sua relação com o patriarcado segue mais atual que nunca e traz reflexões e contribuições fundamentais para o debate e para uma prática que tenha em vista a emancipação das mulheres (e dos homens) da sociedade de classes.

Os editores
São Paulo, agosto de 2015

INTRODUÇÃO

Este livro, incidindo, grosso modo, sobre violência contra mulheres, destina-se a todos(as) aqueles(as) que desejam conhecer fenômenos sociais relativamente ocultos – ou por que há que se preservar a família, por pior que ela seja, na medida em que esta instituição social está envolta pelo sagrado, ou por que se tem vergonha de expô-los. Com efeito, um marido que espanca sua mulher, em geral, é poupado em vários dos ambientes por ele frequentados, em virtude de este fato não ser de conhecimento público. Também interessa a vítimas e agressores, já que podem, certamente, identificar, em sua relação violenta, algumas de suas raízes, encorajando-se a buscar ajuda. Os que ignoram o fenômeno, por terem tido sorte de nem sequer haver presenciado as modalidades de violência aqui tratadas, podem desejar ampliar sua cultura. Há outra categoria de leitores, interessados por análises teóricas desta violência, pondo em especial relevo conceitos como o de *gênero* e o de *patriarcado*, que, seguramente, se interessarão por ler este livro. Trata-se de iniciados(as) insatisfeitos(as) com o que aprenderam, tendo agora a seu dispor mais um texto seja para criticá-lo, seja para a ele aderir, seja, ainda, para incorporar algumas ideias e rejeitar outras.

A limitação do número de páginas constitui um sério problema para uma socióloga notoriamente prolixa. O volume de dados coligidos pela Fundação Perseu Abramo com a pesquisa "A mulher brasileira nos espaços público e privado", realizada por seu Núcleo de Opinião Pública (NOP), e que foi utilizada neste trabalho, ultrapassa, de longe, as pretensões de análise de uma cientista social, que talvez pudesse usá-los em dois livros ou mais. Jamais em um único. Leitores em busca de dados sentir-se-ão frustrados, imagina-se[1]. A autora tem o álibi de que o ser humano não é perfeito, sobretudo ela própria. Será o caso de pedir desculpas ao leitor? Não se pensa desta forma, pois é muito mais fácil divulgar dados que construir referenciais teóricos para analisá-los. Obviamente, se nutre a perspectiva de agradar. Se, todavia, isto não ocorrer, como toda obra é datada e todos os membros da sociedade estão sujeitos a mudança, poderá surgir outra, menos subversiva que esta, em termos de conceitos reformulados e da própria concepção da História. Se o marxismo clássico atribuía importância excessiva ao macropoder e se os autores que chamaram a atenção para a relevância do micropoder não apresentaram um projeto de transformação da sociedade na direção da democracia integral, este livro propõe-se combinar macro e microprocessos, a fim de avançar na obtenção deste objetivo.

O feminismo aqui esposado traz, em seu bojo, um potencial crítico bastante capaz de apontar caminhos, trilhas, picadas para se atingir o alvo expresso e desejado, ou seja, a democracia plena. Entretanto, isto não basta; é preciso saber utilizá-lo, selecionando as melhores estratégias em cada momento, o que cabe ao leitor julgar e realizar. Esta avaliação, certamente, abrirá à autora as portas que ela não logrou abrir sozinha.

---

[1] Os dados detalhados da pesquisa podem ser obtidos em www.fpa.org.br/nop.

A REALIDADE NUA E CRUA

Sempre que se faz uma pesquisa com a finalidade de se verificar quais são as maiores preocupações dos brasileiros, aparecem, infalivelmente, o desemprego e a violência. Já não se trata de preocupações tão somente dos habitantes dos grandes centros urbanos, como São Paulo e Rio de Janeiro, isolados até há alguns anos, mas de praticamente todas as capitais de estados e do Distrito Federal. Pior que isto, estes dois flagelos tomaram conta das cidades de porte médio e até de pequenos municípios. O crime organizado, expressão máxima da violência, era restrito ao Rio de Janeiro. Há aproximadamente duas décadas, São Paulo passou a rivalizar com o Rio de Janeiro nesta terrível atividade. Hoje, este fenômeno está generalizado.

De um lado, o crime organizado vive nababesca e tranquilamente nas entranhas do Estado, quer federal, estaduais ou municipais. Este fenômeno lesa o povo brasileiro, já tão sacrificado pelo decréscimo real, e até mesmo nominal, de seus rendimentos, em virtude de demissões de funcionários, sucedidos por novos, recebendo salários mais baixos. Tal fato do *turn over* ou rotatividade da força de trabalho, antes provocado pelos empregados, em busca de empresas dispostas a remunerá-los com certa generosidade, introduzindo fatores de humanização no ambiente de trabalho, hoje se produz em consequência da necessidade de menor dispêndio com salários de trabalhadores, a fim de aprofundar o processo de exploração-dominação e, desta maneira, tornar mais rentáveis seus empreendimentos.

Tomando-se apenas o ano de 2003, aqueles que vivem de salários sofreram uma perda real de cerca de 15% em seus rendimentos, ou seja, em seu poder aquisitivo. Este fato, num contexto de altas taxas de desemprego, que ultrapassa 20% da PEA (População Economicamente Ativa) do município de São Paulo, outrora a Meca dos habitantes de outras regiões, assume proporções insustentáveis. Se, de um lado, a taxa de desemprego é alta, de outro, um número decrescente de trabalhadores, com poder aquisitivo em queda, deve produzir o suficiente para sustentar aqueles que nem sequer no setor informal de trabalho conseguiram inserir-se. A rede familiar de solidariedade desempenha importante papel, evitando que cresçam, numa medida ainda mais cruel, os contingentes humanos sem teto, sem emprego, sem rendimento, isto é, em franco processo de desfiliação (Castel, 1995).

Grosso modo e ligeiramente, a desfiliação consiste numa série de fatos sucessivos: desemprego, impossibilidade de pagar o aluguel, perda da moradia e, portanto, do endereço, perda dos colegas e dos amigos, esfacelamento da família, cortes crescentes dos laços sociais, cortes estes responsáveis pelo isolamento do cidadão. Enfim, de perda em perda, o desfiliado encontra-se no não lugar, talvez no vazio mais doloroso para um ser humano, que, como já dizia Aristóteles no IV século a.C., é um ser político[1].

---

[1] Palavra derivada de *pólis*, isto é, cidade em grego. A mais correta tradução de *pólis*, no contexto em que escreveu o filósofo, é gregarismo.

No Brasil, contingentes humanos nestas circunstâncias foram denominados *inempregáveis* pelo presidente sociólogo. Este ignominioso apelido revela uma faceta da pedra angular do liberalismo ou neoliberalismo. Quando o trabalhador experimentou o desemprego de longa duração, tendo buscado, às vezes durante anos, nova colocação e, em vez dela, encontrado o isolamento, a solidão, o não lugar, a responsabilidade deste fracasso é-lhe imputada pelo governante de plantão, que soube ser submisso, sobretudo ao Império, mas não soube transformar a posição de seu próprio país numa inserção soberana no cenário internacional, tarefa que o presidente metalúrgico realizou, em grande parte e com extraordinária habilidade diplomática, em apenas um ano de governo.

É público e notório que este processo é cotidiano e infinito, pensando-se o poder não como um objeto do qual se possa realizar uma definitiva apropriação, mas como algo que flui, que circula nas e pelas relações sociais (Foucault[2], 1981). Esta instabilidade do poder, ou melhor, esta rotatividade dos poderosos não ocorre apenas na micropolítica, mas também na macropolítica. A malha fina e a malha grossa não são instâncias isoladas, interpenetrando-se mutuamente, uma se nutrindo da outra. Não há um plano ou nível micro e um plano ou nível

---

[2] "O poder deve ser analisado como algo que circula, ou melhor, como algo que só funciona em cadeia. (...) O poder funciona e se exerce em rede. Nas suas malhas os indivíduos não só circulam, mas estão sempre em posição de exercer este poder e de sofrer sua ação; nunca são o alvo inerte ou consentido do poder, são sempre centros de transmissão. Em outros termos, o poder não se aplica aos indivíduos, passa por eles. (...) Efetivamente, aquilo que faz com que um corpo, gestos, discursos e desejos sejam identificados e constituídos enquanto indivíduos é um dos primeiros efeitos de poder. Ou seja, o indivíduo não é o outro do poder: é um de seus primeiros efeitos. O indivíduo é um efeito do poder e simultaneamente, ou pelo próprio fato de ser um efeito, é seu centro de transmissão. O poder passa através *[sic]* do indivíduo que ele constituiu" (1981, p. 183-184).

macro, linguagem utilizada por certos autores (Guattari, 1981; Guattari e Rolnik, 1986; Foucault, 1981; 1997), não obstante a relevância de sua contribuição teórica. Trata-se de microprocessos, assim como de macroprocessos, operando nas malhas fina e grossa, "uma sendo o avesso da outra, não níveis distintos" (Saffioti, 1999, p. 86).

Como o poder vincula-se, com frequência e estreitamente, a riquezas, talvez seja interessante fazer uma breve incursão pelo terreno econômico. Vive-se uma fase ímpar de hegemonia do capital financeiro, parasitário, porque nada cria. Esta é, certamente, a maior e mais importante fonte da instabilidade social no mundo globalizado. A concentração mundial de riquezas atingiu tão alto grau que gerou um perigo político a temer-se. Ela é fruto de fusões de empresas e outros mecanismos que também corroboram na realização de uma determinação inerente ao capitalismo: a acumulação de bens em poucas mãos e a farta distribuição da miséria para muitos, nestas abissais desigualdades morando o inimigo, ou seja, a contradição fundante deste modo de produção, ao qual são inerentes a injustiça e a iniquidade. Sem a concretização desta verdadeira lei, acumulação e miséria, o capitalismo não se sustentaria, ou melhor, nem seria capitalismo. Exatamente em virtude disto, o capitalismo está sujeito a crises de prosperidade e de recessão, chegando à depressão, cujo exemplo máximo, até o momento, foi a crise de 1929. O famoso *crash* da Bolsa de Nova York transformou em pobres contingentes humanos riquíssimos, do dia para a noite, repercutindo este desastre em todas as áreas da produção e, por conseguinte, desorganizando a economia norte-americana e outras dela dependentes. O poder descreveu trajetória semelhante. Hoje, tem-se uma economia-mundo, com a produção de mercadorias envolvendo, inclusive em termos de espaço geográfico, vários países. Vale dizer que, atualmente, o mundo está organizado em redes de informação, de produção, de troca etc., exceto qualquer rede de solidariedade a não ser esporádica e eventual, disto derivando, em caso de um *crash* de qualquer Bolsa importante, um verdadeiro desastre em termos globais. Com o predomínio quase absoluto do capital financeiro, no momento presente, não se está imune a um novo *crash*, capaz de levar de roldão países ditos de primeiro mundo, assim como os agora denominados emergentes, para não falar nos pobres, cuja miséria se aprofundaria. Disto talvez decorresse uma nova organização mundial, incluindo-se mudanças do lugar ocupado por cada nação no cenário internacional.

Nas décadas de 1950-1960, o Brasil, como também outras nações no mesmo estágio de desenvolvimento, recebia o nome de subdesenvolvido. Na década de 1970, passaram a chamar-se países em via de desenvolvimento e, a partir dos anos 1980, tornaram-se emergentes. Os nomes têm sofrido variações, mas a distância econômico-social entre o núcleo orgânico, a semiperiferia e a periferia ou continua a mesma ou aumenta (Arrighi, 1997). *Mutatis mutandis*, embora a globalização tenha gerado novos processos e produtos, que não podem ser ignorados, a lógica da dominação-exploração entre países e entre classes sociais, nos limites de cada nação, continua a mesma. Todavia, não se fala mais em imperialismo. Este termo só é utilizado pelos alcunhados, com desprezo, de dinossauros. Mas, como diriam os franceses: *Plus ça change, plus c'est la même chose*, isto é, quanto mais muda mais é a mesma coisa.

As chamadas drogas pesadas, sem dúvida, desempenham importante papel no crescimento da violência conhecida como violência urbana, no Brasil. Cidades de porte médio, e também maiores e menores que estas, nas quais qualquer crime seria de clamor público, dada sua raridade, competem com os grandes centros urbanos em matéria de violência. Ribeirão Preto (SP) ilustra muito bem esta situação: de cidade pacata, tornou-se extremamente violenta, tendo o crime organizado do narcotráfico invadido o meio rural. Rota dos aviões que transportam drogas especialmente da Colômbia e da Bolívia, mas também do Peru, os fardos de drogas são atirados nos canaviais. Trabalhadores rurais de baixíssimos salários recolhem tais fardos para distribuição. Como os adultos precisam trabalhar na cana, as crianças são transformadas em "aviões". Obviamente, não apenas suprem a demanda urbana por este produto, como também passam a consumi-la. Assim, o trabalhador do campo tem sua vida cotidiana invadida por uma atividade mercantil fora da lei e por um vício, ambos destruidores de seus valores culturais, desorganizando, desta sorte, até suas famílias. Que não se pense que tais trabalhadores são camponeses. Quem trabalha na cana tornou-se, há muito tempo e necessariamente, assalariado. Pior que isto, o que lhe sobrou foi ser um assalariado sazonal. Nos meses do corte da cana, os trabalhadores locais são insuficientes para atender à demanda de força de trabalho, chegando estas plantações a absorver trabalhadores do Vale do Jequitinhonha mineiro, que para lá migram todos os anos, deixando as mulheres para cuidar do roçado, isto é, da pequena gleba na qual se plantam alimentos. Estes movimentos migratórios ocorrem todos os anos. Nem todos os trabalhadores, entretanto, voltam para o Vale, a fim de se juntar aos demais membros de suas famílias. Muitos permanecem na periferia da cidade, constituem novas famílias, trabalham regularmente no período do corte da cana, vivendo de pequenos "bicos" durante o restante do ano. Na ausência de pesquisa, não se sabe quantos deles continuam traficando drogas e/ou adquiriram o hábito de consumi-las. As fronteiras, já muito tênues, entre o urbano e o rural deixaram de existir. A comercialização das drogas também se globalizou, disseminando-se por todo o território nacional. Mais do que isto, tomou conta do planeta. E, comprovadamente, ela produz alterações do estado de consciência, capazes de comprometer, de modo negativo, o código de ética dos que se dedicavam apenas ao trabalho lícito como ganha-pão. A isto se deve acrescentar as drogas lícitas, como álcool e tabaco. Há uma inegável permissividade social com relação ao uso destes produtos. Há, mesmo, incentivo a que os jovens os consumam, já que sua publicidade sempre os associa a força, coragem, charme. Só muito recentemente, a sociedade brasileira tomou consciência da gravidade do consumo de massa, que atinge faixas etárias cada vez mais baixas, dos produtos em pauta, tendo começado a alertar a população para as enfermidades que seu consumo provoca. Caberia chamar a atenção dos brasileiros também para a alteração do estado de consciência, no sentido de que o uso constante do álcool, por exemplo, não somente pode provocar acidentes de trânsito como, igualmente, violência contra outrem.

Os estudiosos da violência urbana não encontram correlação positiva entre desemprego e violência. Se, porventura, já a encontraram no contexto de altas taxas de desemprego de longa duração, não se tem conhecimento disto. Para os estudiosos da violência de gênero, da violência contra mulheres, da violência doméstica e da violência intrafamiliar, esta associação é clara, havendo relatos de funcionárias de albergues para mulheres vítimas de violência e seus filhos que demonstram, com números, tal correlação.

O conceito de violência

Antes de dar prosseguimento à análise, cabe discutir o conceito de violência. Os habitantes do Brasil, e até estrangeiros que aqui vêm fazer turismo, saberiam muito bem definir violência, pois ou foram diretamente atingidos por alguma modalidade dela ou têm, em suas famílias e/ou em seu círculo de amizades, algum caso a relatar. Os sequestros são frequentes, como também o são homicídios, latrocínios, ameaças de morte, roubos, sendo a diferença entre furto e roubo a componente violência, contida neste último, enquanto no furto há somente a subtração de dinheiro e/ou outros objetos. As pessoas habituaram-se tanto com atos violentos que, quando alguém é assaltado e tem seu dinheiro e seus documentos furtados, dá-se graças a Deus pelo fato de a cidadã ou o cidadão ter saído ilesa(o) da ocorrência. Assim, o entendimento popular da violência apoia-se num conceito, durante muito tempo, e ainda hoje, aceito como o verdadeiro e o único. Trata-se da violência como ruptura de qualquer forma de integridade da vítima: integridade física, integridade psíquica, integridade sexual, integridade moral. Observa-se que apenas a psíquica e a moral situam-se fora do palpável. Ainda assim, caso a violência psíquica enlouqueça a vítima, como pode ocorrer – e ocorre com certa frequência, como resultado da prática da tortura por razões de ordem política ou de cárcere privado, isolando-se a vítima de qualquer comunicação via rádio ou televisão e de qualquer contato humano –, ela torna-se palpável. Como o ser humano é gregário, os efeitos do isolamento podem ser trágicos. Mesmo não se tratando de efeitos tangíveis, são passíveis de mensuração. Há escalas psiquiátricas e psicológicas destinadas a medir as probabilidades de vir a vítima a cometer suicídio, a praticar atos violentos contra outrem, considerando-se, aqui, até mesmo animais assassinados com crueldade.

A vítima de abusos físicos, psicológicos, morais e/ou sexuais é vista por cientistas como indivíduo com mais probabilidades de maltratar, sodomizar outros, enfim, de reproduzir, contra outros, as violências sofridas, do mesmo modo como se mostrar mais vulnerável às investidas sexuais ou violência física ou psíquica de outrem. Em pesquisa realizada em quase todas as capitais de Estados, no Distrito Federal e em mais 20 cidades do Estado de São Paulo, esta hipótese não foi provada. Nesta investigação sobre violência doméstica (Saffioti, inédito), nenhuma informante, que fora vítima de abuso sexual de qualquer espécie, revelou tendência, seja de fazer outras vítimas, seja de maior vulnerabilidade a tentativas de abuso contra si mesma. Não se defende a postura de que abusos sexuais sejam inócuos, não provocando traumas de difícil cura. Ao contrário, em outra pesquisa, esta sobre abuso incestuoso, não se encontrou nenhuma vítima resiliente (Saffioti, 1992). A resiliência constitui fenômeno muito raro. São resilientes pessoas capazes de viver terríveis dramas, sem, contudo, apresentarem um só indício de traumas, sendo, portanto, consideradas, por meio da aplicação de testes e da observação de sua conduta, absolutamente normais. Na mencionada pesquisa, assim como na vastíssima literatura especializada internacional, o abuso sexual, sobretudo incestuoso, deixa feridas na alma, que sangram, no início sem cessar, e, posteriormente, sempre que uma situação ou um fato lembre o abuso sofrido. A magnitude do trauma não guarda proporcionalidade com relação ao abuso sofrido. Feridas do corpo podem ser tratadas com êxito num grande número de casos. Feridas da alma podem, igualmente, ser tratadas. Todavia, as probabilidades de sucesso, em termos de cura, são muito reduzidas e, em grande parte dos casos, não se obtém nenhum êxito.

 Dominaram o século XX dois pensamentos: o de Marx e o de Freud. Ambos, cada um a seu modo e em seu campo, questionaram agressivamente as sociedades em que viveram. Produziram ideias e análises, por conseguinte, subversivas, legando ambos às gerações posteriores patrimônios culturais até hoje valorizados. No caso de Freud, porém, uma parte desta herança tem produzido resultados extremamente deletérios às vítimas de abuso sexual, em especial do abuso incestuoso. Para Freud, e hoje para muitos de seus seguidores, os relatos das mulheres, que frequentavam seu consultório, sobre abusos sexuais contra elas perpetrados por seus pais eram fantasias derivadas do desejo de serem possuídas por eles, destronando, assim, suas mães. Na pesquisa realizada entre 1988 e 1992 (Saffioti, 1992), não se encontrou um só caso de fantasia. A criança pode, e o faz, enfeitar o sucedido, mas sua base é real, isto é, foi, de fato, molestada por seu pai. Contudo, o escrito de Freud transformou-se em bíblia e a criança perdeu credibilidade. Trata-se, em sua maioria esmagadora, de mulheres, que representam cerca de 90% do universo de vítimas. Logo, os homens comparecem como vítimas em apenas 10% do total. De outra parte, as mulheres agressoras sexuais estão entre 1% e 3%, enquanto a presença masculina está entre 97% e 99%. Na pesquisa sobre abuso incestuoso, já referida, não se encontrou nenhum garoto como vítima. Por via de consequência, tampouco havia mulheres na condição de perpetradoras de abuso sexual. É preciso, contudo, pensar que pais vitimizam não apenas suas próprias filhas, como também seus filhos. Num país tão machista quanto o Brasil, este é um segredo muito bem guardado. Se a vizinhança souber, dirá que o destino daquele garoto está selado: será homossexual, na medida em que foi penetrado, fenômeno específico de mulher. Se o dado internacional é de 10% de meninos sexualmente vitimizados, pode-se concluir que, aqui, o fato ocorre, pelo menos, nesta proporção. O machismo, numa de suas facetas altamente negativas para os homens – e há muitas –, oculta estas ocorrências, em vez de fazer face a elas e implementar políticas que visem, no mínimo, a sua drástica redução. Retomando resultados da investigação mencionada, todos os agressores sexuais eram homens e, entre eles, 71,5% eram os próprios pais biológicos, vindo os padrastos em segundo lugar e bem distantes dos primeiros, ou seja, representando 11,1% do universo de agressores. Em pequenos percentuais, compareceram avós, tios, primos. Como a pesquisa foi concluída em 1992, era pertinente levantar a hipótese de estes dados já não corresponderem à realidade atual. A pertinência da hipótese reside na mudança da composição das famílias. Dada a facilidade com que se desfazem as uniões conjugais – legais ou consensuais – e a mesma facilidade com que cada membro do casal reconstitui sua vida amorosa com outras pessoas, as famílias com padrastos (e madrastas) aumentaram em números absolutos e relativos. Nada mais justo, portanto, do que suspeitar que houvesse crescido o percentual de padrastos no universo do abuso incestuoso. Mais uma vez, os dados obtidos de casas-abrigo para vítimas de violência confirmaram os obtidos na investigação realizada entre 1988 e 1992. O pai continua a ser o grande vilão, devorando sua própria prole, constituindo este fato uma agravante tanto penal quanto psicológica.

O tabu do incesto

O pai biológico é o adulto masculino no qual a criança (menor de 18 anos) mais confia. Este fato responde pela magnitude e pela profundidade do trauma. Nas camadas mais bem aquinhoadas, social e economicamente falando, o abuso obedece à receita da sedução: maior atenção para aquela filha, mais presentes, mais passeios, mais viagens etc. As técnicas são bastante sofisticadas, avançando lentamente nas carícias, que passam da ternura à lascívia. Muitas vezes e dependendo da idade da criança, esta nem sabe discernir entre um e outro tipo de carícia, sendo incapaz de localizar o momento da mudança. Como a sexualidade da mulher é difusa por todo o corpo e a sexualidade infantil não é genitalizada, as carícias percorrem toda a superfície de seu corpo, proporcionando prazer à vítima. Posteriormente, recorrendo o adulto a pomadas especiais, dilata o ânus e o reto da filha (ou filho), a fim de preparar o caminho da penetração anal, pois a oral já ocorrera e também esta provocara prazer na menina. A prática da *cunnilingus* é relatada pelas meninas como muito prazerosa. Nem todas apreciam o *fellatio*. Acaba, no entanto, sendo uma unanimidade entre as vítimas, uma vez que obedece à lei da reciprocidade.

Depois de todos estes passos, que integram a iniciação da criança na sexualidade do adulto, vem a penetração vaginal. Alguns homens, assim que a menina tem sua menarca, ou primeira menstruação, controlam seu ciclo menstrual, só mantendo relações sexuais com ela nos períodos estéreis. Outros preferem administrar às filhas o anticoncepcional oral, cuidando para que elas o tomem todos os dias. Não se encontrou nenhum caso de gravidez de meninas pertencentes às classes médias altas, nas quais é comum o pai ter educação superior. Nas camadas social e economicamente desfavorecidas, o processo é rápido e brutal. O pai coloca um revólver, na mais fina das hipóteses, ou uma faca de cozinha junto à cama ou sobre ela, joga a menina sobre o leito, rasga-lhe as roupas e a estupra, ameaçando-a de morte, se gritar, ou ameaçando matar toda sua família, se abrir a boca para contar o sucedido a alguém. Não se pode negar que o pai instruído procede à iniciação sexual de sua filha de forma delicada, sem violência física ou ameaças neste sentido. Simplesmente, pede à menina para não contar a ninguém, especialmente a sua mãe, "justificando" que esta sentiria ciúme, daí podendo derivar sérios conflitos. No caso do pai pobre e de baixa escolaridade, vai-se diretamente ao ato sexual, sem prolegômenos de nenhuma espécie: não há carícias, não há um avançar paulatino. Por estas razões, é brutal. Todavia, as consequências, para a vítima, são certamente opostas às esperadas pelo leitor.

Este poderia, acredita-se, imaginar uma associação positiva entre a brutalidade do pai na abordagem da menina ou menino das camadas sociais menos favorecidas e a profundidade do trauma causado em sua filha pelo estupro ou pela penetração anal, no caso do garoto. Um caso de abuso incestuoso, numa família pobre, mas não miserável, revelou que o marido de uma senhora, tendo esta levado para seu segundo casamento duas filhas de uma união anterior, foi capaz de estuprar, em ordem cronológica, a enteada mais velha, a enteada mais jovem e a própria filha. Em seguida, chegou a vez dos filhos. Fez penetração oral e anal no mais velho, no que sucedeu a este na ordem dos nascimentos, e, finalmente, no mais novo, que apresentava retardo mental, ou seja, agravante penal. Além de *cunnilingus*, *fellatio*, penetração anal e estupro, não se encontrou nenhum outro tipo de abuso nas camadas desfavorecidas. Em razão da sexualidade ser exercida de diferentes maneiras, segundo o momento histórico (a pederastia na antiga Atenas não era o mesmo que a homosexualidade de hoje), o tipo de sociedade, a classe social, a etnia, pode-se esperar que a abordagem "amorosa" no abuso sexual perpetrado pelo homem rude e sem instrução seja igualmente rude. E, de fato, é isto que ocorre. Entretanto, e felizmente, porque a pobreza atinge a maioria dos habitantes, esta "brutalidade" não produz traumas a ela proporcionais. Se assim não fora, haveria mais um item negativo a ser incluído na chamada cultura do pobre.

    A menina pobre, sozinha em casa com seu pai, não tem a quem apelar. A presença da arma branca ou de fogo reitera permanentemente as ameaças verbais. Ela não tem escapatória. Entrar em luta corporal com seu pai só pioraria as coisas. Primeiro, não podendo medir forças com um homem adulto, poderia sair muito ferida daquela situação. Segundo, e em última instância, poderia perder a vida nesta brincadeira de mau gosto. A rigor, não havia saída. Se não havia escapatória, ela é, indubitavelmente, vítima e como tal se concebe e define. Logo, não há razões para sentir-se culpada. As mulheres são treinadas para sentir culpa. Ainda que não haja razões aparentes para se culpabilizarem, culpabilizam-se, pois vivem numa civilização da culpa, para usar a linguagem de Ruth Benedict (1988). No caso aqui narrado, porém, talvez a menina ainda não houvesse introjetado a "necessidade" cristã de se culpabilizar. Ademais, salvou sua família da morte. Desta sorte, esta menina não se vê como culpada; vê-se como vítima. Entre as 63 vítimas estudadas, nenhuma delas, nas condições da descrita, se culpabilizou. Dadas as condições do estupro, 11 delas tiveram filhos dos próprios pais. Não é raro ouvir destes pais: "Dona, eu pus esta menina no mundo, eu criei ela, ela é minha. A senhora acha que vou entregar ela a qualquer um? Não, ela é minha. Só não sei como registrar a criança. Registra como filho ou como neto?". Das mães, mas sem unanimidade, ouve-se: "Dona, se eu posso aguentar, por que ela não pode me ajudar a carregar este fardo?". Esta resposta vem de mulheres socializadas para "sofrer" a relação sexual, destinada à procriação, não para dela desfrutar, não para dela extrair prazer, independentemente de ela resultar numa gravidez. Pensando deste modo, não se lastima por não haver sido capaz de proteger a filha das investidas sexuais de seu próprio pai. Mais do que isto, a relação sexual é, para ela, um fardo tão pesado, que necessita do auxílio da filha para carregá-lo vida afora. Outras mães tentam culpabilizar as filhas, pois, a seu ver, as meninas seduziram seus pais. Pode, portanto – e isto foi encontrado –, surgir o conflito entre mãe e filha; até mesmo a ruptura da relação. Todavia, a menina não se vê como culpada. Afinal, não foi ela que salvou toda sua família? Só se encontrou um caso de rejeição da criança por parte de sua jovem mãe. Em todos os demais, elas adoravam os filhos que tiveram como fruto de estupro incestuoso. Houve uma que até fez o chá de bebê, quando estava no sétimo mês de gravidez. Elas recusaram ofertas de aborto. Não havia, naquela ocasião, hospitais que realizassem os chamados abortos legais. Legais, porque estavam previstos como atos não criminosos, como continuam, aliás, no Código Penal em vigor, de 1940. Apenas sua parte geral sofreu alterações, a específica, não. Isto equivale a dizer que não houve nenhuma mudança nos tipos penais. Afirmou-se, anteriormente, que nas camadas sociais subprivilegiadas encontram-se *cunnilingus, fellatio*, penetração anal e estupro. Eventualmente, um pai mais "sensível" pode fazer certas carícias. A possibilidade está aberta, embora não se tenha nenhum caso para expor. A menção dos quatro atos sexualmente abusivos foi necessária em virtude de o Código Penal referir-se à relação sexual ocorrida no estupro com a expressão "conjunção carnal", comum na época para designar penetração vaginal. Assim, é errôneo dizer-se que Pixote (quem não se lembra do filme?) foi estuprado. Como homens não têm vagina, as únicas penetrações que podem sofrer são a oral e a anal. Algumas feministas elaboraram uma proposta de reforma da parte específica do Código Penal, ampliando o conceito de estupro, que passaria a incluir os três tipos de penetração: oral, anal e vaginal[3].

---

[3] Nesta sessão, trabalhamos: uma representante do Cfemea, grupo que atua junto ao legislativo federal nos assuntos pertinentes à causa feminista, a advogada Silvia Pimentel e eu, pelo fato de ter feito o curso de Direito e de, como socióloga, ter estudado o abuso sexual e o abuso incestuoso. Creio que solicitaram minha colaboração, sobretudo, pelo fato de que distingo incesto de abuso incestuoso, e uma das questões incidia exatamente na pergunta: deve-se ou não criminalizar o incesto? Fui e sou contra pelas razões que se seguem. Se um rapaz e uma moça, irmãos entre si, se apaixonarem um pelo outro, terão

Retomando-se a comparação do abuso incestuoso entre pobres e entre ricos, para simplificar, há que dizer que, de outro lado, está a menina mimada, acariciada, pensando estar o pai apaixonado por ela e já não amando sua esposa. Vê sua mãe como sua competidora, sua rival, diante da qual ela, bem jovem, leva vantagens: sua beleza fresca é de lolita, sua pele não tem rugas e, portanto, é acetinada. Na medida em que sua mãe é considerada rival, não pode se inteirar dos fatos, que, em casos semelhantes a este, duram de sete a oito anos, podendo ir mais longe. Esta criança foi, cautelosa e gradativamente, introduzida nas artes do amor por seu próprio pai, provedor também de prazer sexual. Trata-se, por conseguinte, de um pai amado. Entretanto, há a outra face da moeda: como nunca reagiu contra as provocações de seu pai, como nem sequer soube identificar o momento da transformação da ternura em libidinagem, colaborou com o pai durante todo o processo. Ainda que, a rigor, não tenha nenhuma culpa, tampouco responsabilidade, não se vê como vítima, que realmente é, mas como copartícipe. Disto deriva uma profunda culpa. Embora não haja sido, em nenhum momento, cúmplice de seu pai, sente-se como tal e inimiga de sua mãe. Sua culpa é proporcional à delicadeza do processo de sedução utilizado por seu pai. Ela sente-se a sedutora. Logo, seu

---

que enfrentar a reprovação quase unânime da sociedade por haverem violado um dos mais sérios tabus sociais. Se eles tiverem idades próximas, maioridade e realmente se amarem, não me sinto, nem como profissional, nem como cidadã, no dever de defendê-los nem no de acusá-los. Sua relação é par, um não tendo poder sobre o outro; e sua vontade é convergente. Muito distinto disto é o abuso incestuoso: as idades são muito diferentes, o que traz consigo uma relação díspar, ou seja, atravessada pelo poder. As partes encontram-se em posições muito diversas, uma tendo autoridade sobre a outra, e não existe convergência de vontades. Países em que o incesto era considerado crime têm procedido no sentido de descriminá-lo. Para citar apenas alguns: Estados Unidos, muitos países europeus e latino-americanos. O Equador, que tem uma lei especificamente sobre violência doméstica, descriminou o incesto.

pai foi sua vítima. Obviamente, nenhuma das duas abordagens convém à criança. Em termos de danos psíquicos e distúrbios sexuais posteriormente manifestados, o abuso sexual via sedução é infinitamente pior que a brutalidade do pai menos instruído e menos maneiroso. Isto é importante para que, mais uma vez, não se caracterize tudo que é mau como integrante da cultura do pobre. Fulano estuprou sua filha, espanca regularmente sua mulher? Isto ocorre nas favelas, nos cortiços, no meio pobre[4], diz-se. No seio das camadas abastadas, forma-se uma cumplicidade dos membros da família, estabelecendo-se o sigilo em torno dos fatos. O nome da família não pode ter mácula. Conseguiu-se descobrir uma única família incestuosa. Chegou-se ao portão, mas não foi possível ultrapassá-lo. As informações disponíveis foram facilitadas à pesquisadora por uma amiga de uma das filhas. Esta filha sofria abusos sexuais de toda ordem, perpetrados por seu pai. Só confiou seu segredo a esta amiga. Embora

---

[4] Uma orientanda minha, cuja tese está praticamente pronta para a defesa, tem, entre suas entrevistadas (todas de classe média alta e alta), a esposa de um juiz. Também em caso de violência doméstica, as mulheres mais bem aquinhoadas levam desvantagem. Em sua entrevista, a espancada observa: como posso denunciá-lo, se a investigação deveria ser realizada por profissionais que o respeitam muito (ele é respeitadíssimo na cidade em que atua como profissional e vive num município de cerca de 200 mil habitantes, na Bahia) e, em última instância, o caso seria julgado por um colega seu? Quando esta moça, que já havia feito mestrado, sob minha orientação, sobre violência contra mulheres das camadas sociais menos favorecidas, procurou-me dizendo desejar continuar com o mesmo tema, eu lhe disse que os pesquisadores adoram estudar pobres, porque é mais fácil, eles estão quase sempre abertos a falar sobre o assunto (no caso de violência doméstica, quem fala são as mulheres, os homens fogem; em minha pesquisa sobre abuso incestuoso, entrevistei vítimas, suas mães e outros parentes ou vizinhos conhecedores dos fatos; tentei arduamente entrevistar agressores, mas consegui falar com muito poucos e todos mentiram descaradamente), que o difícil é estudar os ricos, já que, para não ter seu *status* abalado, seu nome sujo, eles se fecham. Ela aceitou o desafio e, pelo que eu lhe disse e ela verificou, o título da tese é *O preço do silêncio*.

não haja dito nada explicitamente, há indícios de que o pai abusava sexualmente de todos os filhos e filhas. Recebia-os, cada um de uma vez, em seu quarto, o que, por si só, é, no mínimo, estranho. Que o abuso ocorresse com todos os filhos e filhas constitui uma hipótese, não inteiramente infundada. A conspiração do silêncio, todavia, impediu a pesquisadora de estudar esta família.

O argumento de quem justifica, se não defende, a conduta de agressores sexuais reside no tipo de sexualidade masculina, diferente da feminina. Afirmam que a sexualidade da mulher só aflora quando provocada, e vários são os meios de fazê-lo, o que é uma meia verdade. A mulher foi socializada para conduzir-se como caça, que espera o "ataque" do caçador. À medida, no entanto, que se liberta deste condicionamento, passa a tomar a iniciativa, seja no seio do casamento, seja quando deseja namorar um rapaz. Como o homem foi educado para ir à caça, para, na condição de macho, tomar sempre a iniciativa, tende a não ver com bons olhos a atitude de mulheres desinibidas, quer para tomar a dianteira no início do namoro, quer para provocar o homem na cama, visando a com ele manter uma relação sexual, salvo no seio de tribos da juventude, pelo menos das grandes cidades, em que isto é uma prática corrente. Os condicionamentos sociais induzem muitos a acreditar na incontrolabilidade da sexualidade masculina. Se assim fora, ter-se-iam relações sexuais, ou mesmo estupros, nas ruas, nos salões de dança, nos restaurantes, nos cafés etc. Obviamente, qualquer pessoa, seja homem ou mulher, pode controlar seu desejo, postergar sua concretização, esperar o momento e o local apropriados para a busca do prazer sexual. É evidente que a esmagadora maioria de homens e de mulheres atua desta maneira, mesmo porque a sociedade é regida por numerosas normas. Não se trata de leis como as da Física, que ocorrem inexoravelmente.

Quer Newton desejasse ou não que a maçã solta por ele caísse ao solo, ela cairia da mesma forma. As regras sociais são passíveis de transgressão e são efetivamente violadas. No caso em pauta, há o tabu do incesto, segundo Lévi-Strauss (1976), de caráter universal, embora o interdito não recaia sempre sobre as mesmas pessoas, quando se passa de uma sociedade a outra. A universalidade do tabu do incesto é contestada por Meillassoux (1975). O tabu em pauta significa uma interdição, um *não* à possibilidade socialmente não aceita de certas pessoas se casarem entre si. Na sociedade ocidental moderna, o interdito recai sobre parentes consanguíneos ou afins. No caso específico do Brasil, o novo Código Civil, em vigor desde 11 de janeiro de 2003, afirma:

Art. 1.521. Não podem casar:
I – os ascendentes com os descendentes, seja o parentesco natural ou civil;
II – os afins em linha reta;
III – o adotante com quem foi cônjuge do adotado e o adotado com quem o foi do adotante;
IV – os irmãos, unilaterais ou bilaterais, e demais colaterais, até o terceiro grau inclusive;
V – o adotado com o filho do adotante;
VI – as pessoas casadas;
VII – o cônjuge sobrevivente com o condenado por homicídio ou tentativa de homicídio contra o seu consorte.

O projeto deste novo Código Civil tramitou no Congresso Nacional, muito lentamente, durante 26 anos, o que equivale a dizer que ele já nasceu desatualizado. Conservou o impedimento do matrimônio entre primos (parentes de terceiro grau), interdito cuja violação havia ocorrido milhares de vezes, sendo este tipo de união plenamente aceito pela sociedade. O tabu do incesto é inteiramente social, nada havendo nele de biológico. Como a sociedade brasileira perdeu, ao longo de sua história, os rituais de transmissão destas proibições, ela mesma criou as defesas sustentadoras do interdito. Trata-se de socializar as gerações imaturas na crença de que a prole de casais ligados entre si pelo parentesco apresenta anomalias de maior ou menor gravidade. As estatísticas existentes sobre más-formações fetais, mortes pré ou pós-natais não resistem à mais tênue crítica.

A história de outras sociedades constitui um recurso extraordinário em prol da natureza exclusivamente social do tabu do incesto. No Havaí, era prescrito, portanto mais que permitido, o casamento entre irmãos. O mesmo ocorria no Egito, primeiro no seio da realeza, disseminando-se posteriormente por toda a população. Os descendentes de irmãos casados entre si eram de muito boa qualidade, nem pior nem melhor que as populações nas quais o interdito recaía sobre irmãos. Todo interdito, ao mesmo tempo que é um *não*, é também um *sim*. Simplificando, se irmãs não são sexualmente disponíveis para seus irmãos, o são para aqueles que não são seus irmãos. Evidentemente, no caso brasileiro, ter-se-ia que excluir todas as classes de indivíduos sobre quem pesa o *não*, para afirmar-se que todos os demais são sexualmente disponíveis, ou seja, aqueles que carregam um *sim*. Isto equivale a dizer que, excluídas as classes de pessoas mencionadas no Código Civil, todas as demais mulheres são sexualmente disponíveis para quaisquer homens.

Não e *sim* residem no interior de todas as interdições. Para ilustrar de modo simples, pode-se tomar as leis de trânsito. Uma tabuleta mostra o símbolo de que caminhões *não* podem trafegar naquela via. O mesmo símbolo significa *sim* para todos os demais veículos. Se, todavia, o motorista de um caminhão passar por aquela rua, será negativamente sancionado pela sociedade. A pena poderá ser o pagamento de uma multa, pontos na carteira de habilitação etc. Quanto ao matrimônio, os que não podem se casar entre si podem infringir esta norma social. Como, no civil, o casamento será impossível, ele poderá concretizar-se pela união consensual, realizando-se ou não no religioso. Isto ocorre muito no Brasil, sobretudo nas áreas de difícil acesso, longe do poder constituído. Entretanto, não consta que tais populações apresentem, por exemplo, elevado percentual de indivíduos mal-formados. Então, para que conservar o tabu do incesto, cuja transgressão, sobretudo entre ascendentes e descendentes, é altamente reprovada pela sociedade, isto é, sancionada de forma muito negativa? Para que serve este tabu? O tabu do incesto apresenta alta relevância, pois é ele que revela a cada um seu lugar na família, em vários outros grupos, enfim, na sociedade em geral.

Gênero, raça/etnia, poder

Rigorosamente, a sociedade brasileira não tolera mesmo a união entre ascendentes e descendentes. Caso haja filhos desta união, as sanções negativas são ainda mais severas. Uma hipótese bastante plausível pode ser levantada: a prole destes casais mostraria à sociedade que nenhum argumento biológico apresenta consistência. E a sociedade não pode abrir mão de argumentos desta ordem, na medida em que já não tem recursos para resgatar as antigas práticas de transmissão, sem questionamentos, do interdito. Isto posto, caberia uma pergunta: por que se curram, nos presídios, estupradores de qualquer mulher, em especial de crianças? Se toda interdição contém um *sim* e um *não*, é pertinente responder a esta indagação da seguinte maneira: a estuprada não era sexualmente disponível para o estuprador, pois, se o fora, não teria ocorrido o estupro. Mas por que não poderia sê-lo para os demais presos? Trata-se, por conseguinte, de invasão de território, procedimento muito pouco tolerado, especialmente por machões e bandidos.

Ecologistas falam bastante, e com pertinência, sobre a necessidade de preservação do meio ambiente, da natureza. Não se ouvem, porém, ecologistas preocupados com a ecologia mental nem com a ecologia social. Guattari, num pequeno e primoroso livro (1990), trata da *ecosofia*, englobando este termo as três ecologias. Com efeito, supondo-se que o ser humano pudesse se abster de agredir a natureza, que sentido teria este fato, já que não se poderia desfrutar de uma ecologia mental, tampouco de uma ecologia social, num mundo penetrado pela corrupção, aí incluso o crime organizado, atravessado pela ambição desmedida, levando filhos a matarem seus pais, com requintes de crueldade, e vice-versa, invadido pelo ódio fundamentalista, disto decorrendo o terrorismo e as igualmente fundamentalistas reações a ele, enfim, num mundo cujos poros foram preenchidos por projetos de dominação-exploração de longuíssima duração, dos quais derivam a fome, o medo, a morte prematura, a ausência de solidariedade, a intolerância às diferenças? A este propósito, a resposta de homens negros ao racismo, mormente dos que conquistaram uma posição social e/ou econômica privilegiada, foi o casamento com mulheres loiras. Se eles são socialmente inferiores a elas em razão da cor de sua pele e da textura de seus cabelos, elas são inferiores a eles na ordem patriarcal de gênero. Resultado: soma zero. Transformaram-se em iguais, nas suas diferenças, transformadas em desigualdades. Ocorre que isto tem consequências. Há um contingente de mulheres negras que não têm com quem se casar. Como os negros branqueados pelo dinheiro se casaram e ainda se casam com brancas, em função de uma equalização das discriminações sofridas, de um lado, pelos negros, de outro, pelas mulheres brancas, em função de seu sexo, não há como se estabelecer tal igualdade entre mulheres negras e homens brancos, pois estes são "superiores" pela cor de sua pele e pela textura de seus cabelos, sendo "superiores" também em razão de seu sexo. Na ordem patriarcal de gênero, o branco encontra sua segunda vantagem. Caso seja rico, encontra sua terceira vantagem, o que mostra que o poder é macho, branco e, de preferência, heterossexual (Saffioti, 1987). A demografia repercute estes eventos, formando-se nela um buraco: a ausência de homens para mulheres negras casadouras. Há mais um buraco demográfico a ser sentido e deplorado crescentemente. Nas guerras entre gangues do narcotráfico, na delinquência em geral, nos entreveros com a polícia, morrem muito mais jovens de 17 a 25 anos que adultos. Que futuro, em termos matrimoniais, terão as adolescentes de hoje, uma vez que as mulheres costumam casar-se com homens mais velhos? Ou se inverte a situação, com o processo já em curso de casamentos entre homens jovens com mulheres bem mais velhas e poderosas, ou estas jovens se conformam com sua condição de população casadoura excedente. No fundo, parece que ambos, homens e mulheres, casam-se com o poder. Se esta hipótese for verdadeira, é possível encontrar o homem-ser-humano e a mulher-ser-humano em meio a tanto poder?

Do ângulo da sexualidade, os homens deveriam, nos casamentos, ter idade inferior à das mulheres, uma vez que estas podem ter vida sexual ativa enquanto durar sua própria vida, contando o homem com um tempo limitado. Aliás, quanto à sexualidade, as mulheres levam uma série de vantagens comparativamente aos homens. As mulheres, como não têm *phallus*[5], têm sua sexualidade difusa por todo o corpo. Assim, falar em zonas erógenas para as mulheres não é correto, pois todo seu corpo o é. Poder-se-ia também afirmar que o corpo das mulheres é inteiramente amor, na medida em que erógeno deriva de Eros,

---

[5] *Phallus* significa poder, sendo representado pelo pênis.

deus do amor, na mitologia grega. Enquanto muitas mulheres são multiorgásmicas, nos homens este fenômeno não ocorre. Embora raro, o priapismo[6], visto como uma superioridade dos machos, na verdade não chega a ser nem sequer uma vantagem. Se esta existir, pertence às mulheres vinculadas a homens priápicos. Mais ainda, o prazer do orgasmo é registrado em apenas um ponto do cérebro masculino, ou seja, o *septum*. Nas mulheres, são três os pontos em que este registro ocorre: *septum*, *hipotálamo* e *amígdala*[7]. Dir-se-ia que as mulheres desfrutam da triplicação do prazer do orgasmo. Ademais, as mulheres, quando férteis[8], são capazes de conceber, enquanto aos homens só resta invejá-las. Aliás, na obra de Freud, a inveja do pênis, alimentada por mulheres, porque este órgão representa poder, assim como a inveja da maternidade, são conceitos que gozam do mesmo estatuto teórico. Todavia, fala-se e escreve-se muito mais sobre o primeiro que sobre o segundo. Se Freud foi o maior misógino da história da humanidade, e o foi, seus seguidores o imitaram/imitam, demonstrando fidelidade até neste ponto. A inveja da maternidade é tão vigorosa que homens sexualmente impotentes pagam um preço mais alto a prostitutas grávidas, somente para conversar com elas e alisar-lhes a barriga. Con-

---

[6] Priapismo consiste numa ereção dolorosa e permamente, não acompanhada de desejo sexual.
[7] Não se trata das amígdalas da garganta, mas de uma porção do cérebro.
[8] Há mais homens estéreis que mulheres. O sexismo, contudo, trata de ocultar este fato, sendo responsável pela suspeita de que sempre se pode imputar a esterilidade a elas. Tanto assim é que, nos casais sem filhos, é sempre a mulher que se submete a exames de fertilidade. Só depois que esta fica provada, o homem se dispõe a procurar um andrologista ou urologista. Comprovada a esterilidade masculina, em geral, a mulher é proibida de divulgar este resultado. A falha, no homem, deve continuar oculta. Isto é puro machismo, porquanto a esterilidade não impede o homem de ter excelente desempenho sexual. Como todo preconceito, este também é baseado na ignorância.

tudo, a inveja da maternidade quase não se apresenta em livros e em artigos, vive na obscuridade.

Não foi gratuita a alta consideração devotada às mulheres por parte dos homens, quando ainda não se conhecia a participação masculina no ato da fecundação. Capazes de engendrar uma nova vida, de produzir todos os nutrientes necessários ao desenvolvimento dos fetos e, ainda, de fabricar internamente leite para alimentar os bebês, eram consideradas seres poderosos, mágicos, quase divinos. Caíram do pedestal, quando se tomou conhecimento da imprescindível, mesmo que efêmera, colaboração masculina no engendramento de uma nova vida, mas persistiu a inveja de dar à luz novas criaturas. No fundo, os homens sabem que o organismo feminino é mais diferenciado que o masculino, mais forte, embora tendo menor força física, capaz de suportar até mesmo as violências por eles perpetradas. Não ignoram a capacidade das mulheres de suportar sofrimentos de ordem psicológica, de modo invejável. Talvez por estas razões tenham necessidade de mostrar sua "superioridade", denotando, assim, sua inferioridade.

A gíria, permeada desta ideologia sexista, revela bem isto. A genitália feminina apresenta muito mais semelhança com uma boca que a masculina. Como na ideologia está presente, necessariamente, a inversão dos fenômenos, é muito frequente homens se vangloriarem de haver "comido" fulana, beltrana, cicrana. Ora, a conformação da vulva e da vagina permite-lhes "comer". Por que existe o mito da vagina dentada? Por que há muitos homens, se não todos, com medo de ter seus pênis decepados por esta vagina devoradora? Por que sentem medo exatamente no momento do orgasmo feminino, quando os músculos da vagina se contraem num movimento que parece visar ao aprisionamento? Então, na gíria machista, quem "come" quem? Todos os elementos foram oferecidos ao leitor, a fim de que ele possa responder a esta questão. Mais do que isto, tais elementos convidam os leitores a uma reflexão, visando a conhecer-se melhor e, talvez assim, poderem conviver mais prazerosamente com suas parceiras. Mas também se oferecem elementos à reflexão das leitoras. Elas poderão contar aos homens que a revelação de suas fraquezas os tornará mais fortes, mais sensíveis, mais amorosos. Desta forma, eles poderão perder o medo, fator que concorre para a transformação da agressividade, uma força propulsora muito positiva, em agressão, ato tão destrutivo – e autodestrutivo – quanto devastador. Além disto, como se acredita que o empobrecimento da sexualidade masculina foi historicamente produzido, tanto o homem quanto a mulher podem trabalhar no sentido da recuperação de uma sexualidade mais rica, espalhada por todo o corpo, abrindo ele mão de seu poder em face das mulheres à medida que o pênis perde importância, ou seja, que sua sexualidade deixa de se concentrar neste órgão. Nem homens nem mulheres têm qualquer coisa a perder com experiências deste tipo. Têm, de outra parte, muito a ganhar, caso o resgate da sexualidade masculina seja completo.

A ilustração, feita por meio da gíria, a propósito de uma ideologia sexista que esconde uma desvantagem masculina, transformando-a em vantagem, servirá para mostrar que, em toda ideologia, seja machista, seja étnico-racial, ou ainda de classe social, está sempre presente a inversão do fenômeno. Isto não é apenas um detalhe, mas o núcleo duro da ideologia. Portanto, é interessante retê-lo, uma vez que todos os membros de uma sociedade como a brasileira convivem com tais falácias, acreditando nelas como verdades. Mais do que isto, cada um a sua maneira é portador destas ideologias.

Obviamente, os homens gostam de ideologias machistas, sem sequer ter noção do que seja uma ideologia. Mas eles não estão sozinhos. Entre as mulheres, socializadas todas na ordem patriarcal de gênero, que atribui qualidades positivas aos homens e negativas, embora nem sempre, às mulheres, é pequena a proporção destas que não portam ideologias dominantes de gênero, ou seja, poucas mulheres questionam sua inferioridade social. Desta sorte, também há um número incalculável de mulheres machistas. E o sexismo não é somente uma ideologia, reflete, também, uma estrutura de poder, cuja distribuição é muito desigual, em detrimento das mulheres. Então, poder-se-ia perguntar: o machismo favorece sempre os homens? Para fazer justiça, o sexismo prejudica homens, mulheres e suas relações. O saldo negativo maior é das mulheres, o que não deve obnubilar a inteligência daqueles que se interessam pelo assunto da democracia. As mulheres são "amputadas", sobretudo no desenvolvimento e uso da razão e no exercício do poder. Elas são socializadas para desenvolver comportamentos dóceis, cordatos, apaziguadores. Os homens, ao contrário, são estimulados a desenvolver condutas agressivas, perigosas, que revelem força e coragem. Isto constitui a raiz de muitos fenômenos, dentre os quais se pode realçar o fato de seguros de automóveis exclusivamente dirigidos por mulheres custarem menos, porque, em geral, elas não usam o carro como arma, correm menos e são mais prudentes.

Mas há um sem-número de fatores prejudiciais aos homens. Para ilustrar, toma-se a situação empregatícia no Brasil atual, sob pena de reiteração. Há cidades, como São Paulo, em que a taxa de desemprego já ultrapassou, em certo momento, os 20% da força de trabalho. Além de se tratar de uma proporção insustentável, há muito desemprego de longa duração. Isto repercute em toda a população, de forma negativa. Os homens, contudo, são os mais afetados, na medida em que sempre lhes coube prover as necessidades materiais da família. E este papel de provedor constitui o elemento de maior peso na definição da virilidade. Homens que experimentam o desemprego por muito tempo são tomados por um profundo sentimento de impotência, pois não há o que eles possam fazer. Além de o sentimento de impotência ser gerador de violência, pode resultar também em impotência sexual. Há homens que verbalizam preferir morrer a ficar sexualmente impotentes. Nem neste caso se permite ao homem chorar. Isto consiste numa "amputação", pois há emoções e sentimentos capazes de se expressar somente pelo choro. Pesquisas já demonstraram (Chombart de Lauwe, 1964) que glândulas lacrimais de homens sofrem o processo de atrofia, por desuso.

Se uma mulher for abordada por um homem seja para sair, seja para dançar, ela pode recusar, pois o jogo é o da caça e do caçador. Se, entretanto, um homem for abordado por uma mulher com as mesmas intenções, e ele não se interessar por ela, recusando o convite, imediatamente é alcunhado de "maricas". Pensando numa situação mais séria, mas não incomum, rapaz e moça num motel, e ele, por estar estressado, excessivamente cansado, triste em virtude de um evento qualquer, não conseguir ter uma ereção duradoura, sente-se coberto de vergonha. Mesmo que a moça seja compreensiva e lhe diga que isto ocorre com todos os homens, o aborrecimento do rapaz é enorme. Por quê? Porque homem não falha, ou melhor, não tem o direito de falhar numa situação como a figurada, já que representa a força, quase a perfeição. Não é fácil ser homem. Se há uma tarefa perigosa a ser realizada, por um grupo sexualmente misto, é sempre um homem o escolhido para fazê-la. Se tiver bom gosto seja para se vestir, seja para decorar sua casa, não é verdadeiramente homem, fica no limbo dos prováveis homossexuais. Se é sensível, é efeminado.

Esta situação não é conveniente nem para homens nem para mulheres. Segundo Jung (1992), tanto homens quanto mulheres são dotados de *animus* e *anima*, sendo o primeiro o princípio masculino e a segunda, o princípio feminino. O ideal seria que ambos fossem igualmente desenvolvidos, pois isto resultaria em seres humanos bem equilibrados. Todavia, a sociedade estimula o homem a desenvolver seu *animus*, desencorajando-o a desenvolver sua *anima*, procedendo de maneira exatamente inversa com a mulher. Disto decorrem, de uma parte, homens prontos a transformar a agressividade em agressão; e mulheres, de outra parte, sensíveis, mas frágeis para enfrentar a vida competitiva. O desequilíbrio reside justamente num *animus* atrofiado nas mulheres e numa *anima* igualmente pouco desenvolvida nos homens. Sendo o núcleo central de *animus* o *poder*, tem-se, no terreno político, homens aptos ao seu desempenho, e mulheres não treinadas para exercê-lo. Ou seja, o patriarcado, quando se trata da coletividade, apoia-se neste desequilíbrio resultante de um desenvolvimento desigual de *animus* e de *anima* e, simultaneamente, o produz. Como todas as pessoas são a história de suas relações sociais, pode-se afirmar, da perspectiva sociológica, que a implantação lenta e gradual da primazia masculina produziu o desequilíbrio entre *animus* e *anima* em homens e em mulheres, assim como resultou deste desequilíbrio.

Ora, a democracia exige igualdade social. Isto não significa que todos os *socii*, membros da sociedade, devam ser iguais. Há uma grande confusão entre conceitos como: igualdade, diferença, desigualdade, identidade. Habitualmente, à diferença contrapõe-se a igualdade. Considera-se, aqui, errônea esta concepção. O par da diferença é a identidade. Já a igualdade, conceito de ordem política, faz par com a desigualdade. As identidades, como também as diferenças, são bem-vindas. Numa sociedade multicultural, nem deveria ser de outra forma. Lamentavelmente, porém, em função de não se haver alcançado o desejável grau de democracia, há uma intolerância muito grande em relação às diferenças. O mais preocupante são as gerações mais jovens, cujos atos de crueldade para com índios, sem-teto, homossexuais revelam mais do que intolerância; demonstram rejeição profunda dos não idênticos. As desigualdades constituem fontes de conflitos, em especial quando tão abissais como no Brasil. Em casos como este, e eles existem também em outras sociedades, as desigualdades traduzem verdadeiras contradições, cuja superação só é possível quando a sociedade alcança outro estado, negando, *de facto* e *de jure*, o *status quo*. Neste estágio superior, não haverá mais as contradições presentes no momento atual. No entanto, podem surgir outras no processo do devir histórico. Numa sociedade como a brasileira, com clivagens de gênero, de distintas raças/etnias em interação e de classes sociais, o pensamento, refletindo estas subestruturas antagônicas, é sempre parcial. O próximo capítulo focalizará exatamente o conhecimento, em sua condição de social. Em outros termos, todo conhecimento é social.

DESCOBERTAS DA ÁREA DAS PERFUMARIAS

Há várias taxionomias das ciências. Ora são classificadas em ciências naturais, ciências biológicas e ciências humanas; ora se reduzem a ciências da natureza e ciências do espírito; ora, ainda, se dividem em ciências naturais e exatas, de um lado, e ciências sociais, de outro; ou, então, em ciências duras e humanidades. Os cientistas que acreditam na neutralidade das ciências duras e no comprometimento político-ideológico das ciências humanas e sociais ainda não compreenderam o que é ciência. Por esta razão, se referem às ciências humanas e sociais, pejorativamente, como *perfumarias*. Tais estudiosos podem receber vários nomes: bons cientistas, verdadeiros cientistas, maus cientistas, cientistas preconceituosos. Parece que uma maneira não agressiva de denominá-los poderia ser cientistas sem visão planetária ou cientistas de poucas leituras, a fim de evitar o termo ignorante, pois nenhuma pessoa, por mais culta que seja, domina o acervo de descobertas e invenções, como também de hipóteses e de denúncias, acumulado por acadêmicos e não acadêmicos, ao longo de séculos do exercício do pensar, do experimentar, do observar, enfim, do pesquisar.

A própria Física, ciência dura por excelência, por meio de Capra[1] (1982; 1983), está contribuindo, e muito, para pôr em questão os fundamentos da ciência clássica, oficial, de caráter restrito. A história, sobretudo da Segunda Guerra Mundial, está repleta de exemplos concretos do engajamento político-ideológico das chamadas ciências duras. O diálogo entre Bohr, físico dinamarquês, e Heisenberg, físico alemão, em Copenhague, durante a guerra, em plena corrida para a construção da bomba atômica, e as atitudes antípodas de cada um em face do outro revelam o comprometimento político-ideológico da Física, considerada ciência neutra, portanto oposta às *perfumarias*. Não há neutralidade em nenhuma ciência, seja dura, seja *perfumaria*. Todas, absolutamente todas, são fruto de um momento histórico, contendo numerosas conjunturas, cuja intervenção, em qualquer campo do conhecimento, é cristalina. Não o é, certamente, para qualquer olhar; só para o olhar crítico. Na Dinamarca ocupada pelos nazistas, Bohr aliou-se ao grupo de Los Álamos, nos Estados Unidos, que trabalhava intensamente para construir a bomba atômica em tempo hábil de matar cerca de 150 mil pessoas no Japão e deixar o ambiente contaminado com radioatividade. Heisenberg, trabalhando num projeto semelhante, nas barbas da Gestapo, verdadeiro

---

[1] "Fritjof Capra recebeu seu PhD na Universidade de Viena e realizou pesquisas sobre Física de alta energia em várias universidades da Europa e dos Estados Unidos. (...) Ele é o autor de *O tao da física*, um *bestseller* internacional que vendeu meio milhão de exemplares e foi traduzido em muitas línguas." "O futuro de Capra ainda não começou. Ao divulgar uma mescla de ciência no seu sentido mais restrito e de pesquisa 'alternativa', ele obriga os cientistas a fazerem com que ele aconteça, isto é, a subverter a ciência mecânica, reducionista e dura numa visão de sistemas científicos suaves e orgânicos" (publicado por *Los Angeles Times*.) Ambos os excertos estão publicados na primeira página de *O ponto de mutação*.

panóptico[2], utilizava-se de técnicas dilatórias, a fim de atrasar a construção da bomba, não a tornando disponível em tempo hábil. Bohr ganhou a briga e a guerra, colaborando para a carnificina. A Heisenberg coube a autoria da formulação do princípio da incerteza, que tanta utilidade tem demonstrado em todos os campos do conhecimento.

Bem antes de Heisenberg, no século XIX, Karl Marx (1946; 1951; 1953; 1957; 1963a; 1963b; 1970) havia formulado o mesmo princípio, mostrando tendências, mas deixando espaço para o imponderável. Este evento não teve repercussão quanto à incerteza que preside o desenrolar dos acontecimentos. Ao contrário, Marx é, ainda hoje, tachado de determinista por aqueles que leram sua obra com categorias cartesianas (com a finalidade de situar o leitor, Descartes viveu de 1596 a 1650, tendo sido, por conseguinte, um pensador do século XVII). Ademais, por que se deveria alimentar qualquer perspectiva de repercussão positiva, se o que interessava ao *status quo* era atacá-lo, a fim de preservar as desigualdades socioeconômicas, que mantinham intactos os lugares sociais de cada um? Os privilégios, afinal,

---

[2] Estudando a história da violência nas prisões, em *Vigiar e punir* (1977), p. 173-199, Foucault vale-se da imagem do *panóptico*. Na Ilha da Juventude, em Cuba, foi preservado um presídio do governo de Fulgencio Baptista, anterior à vitória da revolução, em 1959, para que todos pudessem observar o *panóptico*. Trata-se de um edifício circular, mais estreito na sua parte superior, quase em forma de cone, com uma única porta para o exterior. As portas de todas as celas dão para o interior do prédio e, no alto, um único guarda é suficiente para vigiar um grande número de prisioneiros, sem que estes possam saber em que momento são observados. Esta imagem adequa-se à descrição da vigilância exercida sobre as mulheres ou sobre trabalhadores ou, ainda, sobre negros. As categorias sociais contra as quais pesam discriminações vivem, imageticamente falando, no interior de um enorme panóptico – a sociedade – na medida em que sua conduta é vigiada sem cessar, sem que elas o saibam. Isto é um controle social poderoso, pois a introjeção das normas sociais por mulheres funcionam como um *panóptico*. Desta sorte, os maridos não têm com que se preocupar.

não iam ceder espaço aos conhecimentos revelados por uma obra da área das perfumarias. Capra, na Física, mas extrapolando-a, tem desempenhado papel semelhante ao de algumas feministas, cujo combate incansável à razão cartesiana tem produzido efeitos positivos. Evelyn Fox Keller, bióloga norte-americana, descreveu uma trajetória profissional bastante inusual e interessante. Na instituição em que trabalhava como bióloga, fazia pesquisas em colaboração com um colega. Seu marido, professor universitário, teve seu ano sabático, decidindo aproveitá-lo para trabalhar em Berkeley, em pesquisas de seu campo. Como costuma acontecer, a mulher acompanhou o marido, levando os filhos. Lá se foi a família viver durante um ano no centro nervoso, em permanente ebulição, do feminismo. Não demorou nada para que Keller entrasse em contato com feministas militantes e com a literatura feminista, toda da área das perfumarias. Tratava-se de obras de Antropologia, de Ciência Política, de Filosofia, de Psicologia, de Sociologia e das demais ciências humanas e sociais. Uma bióloga, que continuava a trabalhar em sua profissão com os resultados dos experimentos enviados por seu colega, lendo obras feministas opostas ao cartesianismo – e o atacando –, começa a questionar os alicerces da ciência que praticava. Daí veio o passo que a levaria a questionar as bases de todas as ciências cartesianas[3]. A obra desta bióloga feminista é muito extensa, havendo-se, aqui, realçado o que pareceu mais interessante ao leitor. Ela continua trabalhando em biologia, mas incorporando o que a sociedade colocou nos genes dos indivíduos. Rigorosamente, quando escreve sobre biologia, situa-se na interseção entre este campo do conhecimento e as ciências sociais: "(...) os

---

[3] A trajetória de Keller foi sumariada por ela própria, estando publicada na revista *Daedalus*, presente nas referências.

genes carregam uma enorme 'bagagem histórica'" (Keller, 2002, p. 136), o que, de certo modo, ironiza o estardalhaço realizado em virtude do sequenciamento do genoma humano, pois as combinações genéticas são aleatórias e, obviamente, dependem da história de vida de cada indivíduo. Toda e qualquer ciência é, por conseguinte, conhecimento social (Longino, 1996). Sejam denominadas ciências duras, sejam-no perfumarias, o conhecimento científico reflete o momento histórico, social, político de sua produção.

A mulher brasileira nos espaços público e privado

Foi nesta perspectiva que a Fundação Perseu Abramo, valendo-se de dados secundários, sobretudo, da Fundação Instituto Brasileiro de Geografia e Estatística (FIBGE), também fez trabalho de campo, em 2001, coligindo informações em todo o país e, assim, descrevendo o perfil das brasileiras, como também detectando as atividades desempenhadas e *sofridas* por elas, por meio de entrevistas. Trata-se, pois, de uma investigação, predominantemente, sobre *violência contra mulheres*. Às informações coletadas pela Fundação deu-se o título de *A mulher brasileira nos espaços público e privado*. A perspectiva aqui adotada foi explanada no início deste capítulo. Aliás, o próprio interesse pela temática já revela um compromisso político-ideológico com ela. Na verdade, a história de vida de cada pessoa encontra-se com fenômenos a ela exteriores, fenômeno denominado *sincronicidade* por Jung, e que permite afirmar: ninguém escolhe seu tema de pesquisa; é escolhido por ele. Se, porventura, for necessário utilizar dados de outras fontes, mencionar-se-ão as origens das informações. Não haverá referência sempre que as informações utilizadas forem da Fundação Perseu Abramo.

As brasileiras valorizam bastante a liberdade conquistada, porquanto em resposta à pergunta "Como é ser mulher hoje?"

39% ressaltaram sua inserção no mercado de trabalho e a independência que isto lhes confere; 33% referiram-se à liberdade de agir segundo seu desejo e, desta sorte, poder tomar decisões; apenas 8% mencionaram a conquista de direitos políticos, o que é verdadeiro desde a Constituição Federal de 1988, e a igualdade de direitos em relação aos homens. Esta resposta não foi nuançada, pois, segundo a Carta Magna, assim como de acordo com a legislação infraconstitucional, a igualdade existe. O problema reside na prática, instância na qual a igualdade legal se transforma em desigualdade, contra a qual tem sido sem trégua a luta feminista. Na caracterização do *ser mulher* também são apontadas tarefas tradicionais, estando 17% na valorização destes deveres e a mesma proporção (17%) em sua depreciação. A especificação dos papéis tradicionais, entretanto, apontou tão somente o lado negativo do *ser mulher*, 4% reclamando do peso da responsabilidade na criação dos filhos e 3% denunciando a falta de autonomia em virtude das restrições impostas por seus maridos. A dupla jornada, somando-se os serviços domésticos com o trabalho assalariado, é denunciada como negativa por 11% das investigadas. Se este último percentual já denota baixo nível de insatisfação, pior ainda ocorre quando apenas 7% das interrogadas manifestam seu desagrado com o desnível de salários entre homens e mulheres, 5%, com relação a sua inferioridade diante dos elementos masculinos, e tão somente 2% percebem que são mais vulneráveis à violência que os machos. Isto revela a necessidade de tornar ainda mais visíveis as várias modalidades de violências praticadas contra mulheres, em especial a violência doméstica.

O conceito de gênero

A expressão violência doméstica costuma ser empregada como sinônimo de violência familiar e, não tão raramente, também de violência de *gênero*. Esta, teoricamente, engloba tanto a violência de homens contra mulheres quanto a de mulheres contra homens, uma vez que o conceito de gênero é aberto, sendo este o grande argumento das críticas do conceito de *patriarcado*, que, como o próprio nome indica, é o regime da dominação-exploração das mulheres pelos homens. Para situar o leitor, talvez convenha tecer algumas considerações sobre gênero. Este conceito não se resume a uma categoria de análise, como muitas estudiosas pensam, não obstante apresentar muita utilidade enquanto tal. *Gênero* também diz respeito a uma categoria histórica, cuja investigação tem demandado muito investimento intelectual. Enquanto categoria histórica, o gênero pode ser concebido em várias instâncias: como aparelho semiótico (Lauretis, 1987); como símbolos culturais evocadores de representações, conceitos normativos como grade de interpretação de significados, organizações e instituições sociais, identidade subjetiva (Scott, 1988); como divisões e atribuições assimétricas de característicos e potencialidades (Flax, 1987); como, numa certa instância, uma gramática sexual, regulando não apenas relações homem-mulher, mas também relações homem-homem e relações mulher-mulher (Saffioti, 1992, 1997b; Saffioti e Almeida, 1995) etc. Cada feminista enfatiza determinado aspecto do gênero, havendo um campo, ainda que limitado, de consenso: o gênero é a construção social do masculino e do feminino.

O conceito de *gênero* não explicita, necessariamente, desigualdades entre homens e mulheres. Muitas vezes, a hierarquia é apenas presumida. Há, porém, feministas que veem a referida hierarquia, independentemente do período histórico com o qual lidam. Aí reside o grande problema teórico, impedindo uma interlocução adequada e esclarecedora entre as adeptas do conceito de *patriarcado*, as fanáticas pelo de *gênero* e as que trabalham, considerando a história como processo, admitindo a utilização do conceito de *gênero* para toda a história, como categoria geral, e o conceito de *patriarcado* como categoria específica de determinado período, ou seja, para os seis ou sete milênios mais recentes da história da humanidade (Lerner, 1986; Johnson, 1997; Saffioti, 2001). Em geral, pensa-se ter havido primazia masculina no passado remoto, o que significa, e isto é verbalizado oralmente e por escrito, que as desigualdades atuais entre homens e mulheres são resquícios de um *patriarcado* não mais existente ou em seus últimos estertores. De fato, como os demais fenômenos sociais, também o *patriarcado* está em permanente transformação. Se, na Roma antiga, o patriarca detinha poder de vida e morte sobre sua esposa e seus filhos, hoje tal poder não mais existe, no plano *de jure*. Entretanto, homens continuam matando suas parceiras, às vezes com requintes de crueldade, esquartejando-as, ateando--lhes fogo, nelas atirando e as deixando tetraplégicas etc. O julgamento destes criminosos sofre, é óbvio, a influência do sexismo reinante na sociedade, que determina o levantamento de falsas acusações – devassa é a mais comum – contra a assassinada. A vítima é transformada rapidamente em ré, procedimento este que consegue, muitas vezes, absolver o verdadeiro réu. Durante longo período, usava-se, com êxito, o argumento da legítima defesa da honra, como se esta não fosse algo pessoal e, desta forma, pudesse ser manchada por outrem. Graças a muitos protestos feministas, tal tese, sem fundamento jurídico ou de qualquer outra espécie, deixou de ser utilizada. O percentual de condenações, contudo, situa-se aquém do desejável. O cumprimento da pena constitui assunto de pior implementação. O bom comportamento na prisão pode reduzir o cumprimento da pena a um terço, até a um sexto do estabelecido, o que não é admissível para quem deseja ver esta prática extirpada da sociedade ou, pelo menos, drasticamente reduzida.

Apresentando baixa cultura geral e ínfima capacidade crítica, a maioria das brasileiras pode ser enquadrada na categoria *conservadoras*, ainda separando mulheres femininas de mulheres feministas, como se estas qualidades fossem mutuamente exclusivas. Isto dificulta a disseminação das teses feministas, cujo conteúdo pode ser resumido em: *igualdade social para ambas as categorias de sexo*. Por conseguinte, a maior parte das mulheres mantém atitudes contrárias a ações afirmativas governamentais, que poderiam contribuir grandemente para o avanço das transformações sociais desejadas pelos defensores dos direitos humanos, neles inclusa a metade feminina da população. A história revela que as grandes causas, benéficas especialmente aos contingentes discriminados e a quase todos os demais, obtiveram sucesso, apesar de terem sido conduzidas por pequenas minorias. E as brasileiras têm razões de sobra para se opor ao machismo reinante em todas as instituições sociais, pois o *patriarcado* não abrange apenas a família, mas atravessa a sociedade como um todo. Não obstante o desânimo abater certas feministas lutadoras, quando assistem a determinados comportamentos de mulheres alheias ao sexismo, vale a pena levar esta luta às últimas consequências, a fim de se poder desfrutar de uma verdadeira democracia.

Violência contra as mulheres

Os dados de campo demonstram que 19% das mulheres declararam, espontaneamente, haver sofrido algum tipo de violência da parte de homens, 16% relatando casos de violência física, 2% de violência psicológica, e 1% de assédio sexual. Quando estimuladas, no entanto, 43% das investigadas admitem ter sofrido violência sexista, um terço delas relatando ter sido vítimas de violência física, 27% revelando ter vivido situações de violência psíquica, e 11% haver experimentado o sofrimento causado por assédio sexual. Trata-se, pois, de quase a metade das brasileiras. Os 57% restantes devem também ter sofrido alguma modalidade de violência, não as considerando, porém, como tal. Uma mulher pode sair feliz de um posto público de saúde, tendo esperado quatro horas na fila, estado dois minutos na presença do médico e "ganho" a receita de um medicamento, que seu poder aquisitivo não lhe permite adquirir. Outra poderá considerar este fenômeno uma verdadeira violência. Assim, o mesmo fato pode ser considerado normal por uma mulher e agressivo por outra. Eis porque a autora deste livro raramente adota o conceito de violência como ruptura de integridades: física, psicológica, sexual, moral. Definida nestes termos, a violência não encontra lugar ontológico[4]. É preferível, por esta razão, sobretudo quando a modalidade de violência mantém limites tênues com a chamada normalidade, usar o conceito de *direitos humanos*. Ainda que seja recente sua defesa, mormente para mulheres, já se consolidou um pequeno corpo de direitos universais, ou seja, internacionalmente aceitos, em nome dos quais as mulheres podem ser defendidas das agressões machistas. Evidentemente, este corpo de direitos humanos é ainda insatisfatório, desejando-se seu crescimento, do mesmo modo que se almeja a eliminação de certas práticas comuns em cerca de 30 países da África e da Ásia.

Trata-se, de uma parte, das denominadas *mutilações genitais* (é preferível ampliar para sexuais) e, de outra parte, de *femicídios* da esposa para, em se casando novamente, ganhar um novo dote. Dada a força das palavras, é interessante disseminar o uso de *femicídio*, já que *homicídio* carrega o prefixo de homem. Feministas inglesas vêm difundindo este termo, embora ele ainda não conste de *The Concise Oxford Dictionary*, edição de

---

[4] Mais adiante esclarecer-se-á este conceito.

1990. Como a língua é um fenômeno social, e, portanto, sujeito permanentemente a mudanças, é interessante criar novas palavras, que expurguem o sexismo. O idioma francês, por exemplo, é extremamente machista. Basta dizer que *maîtresse* significa, simultaneamente, professora de escola elementar, dona de casa e amante. Para a professora universitária não existe uma palavra, usando-se *Madame le professeur* (senhora o professor). Feministas do Canadá francês começaram a acrescentar a vogal *e* às palavras masculinas, feminilizando-as. Atualmente, já se diz *la professeure* (a professora) para designar a professora universitária. As feministas francesas acompanharam as canadenses e, de fato, o idioma francês está evoluindo para a eliminação do sexismo.

Entre as mutilações genitais, há a *cliteridectomia*, que consiste na ablação, no corte, na extirpação do clitóris, órgão que desempenha importante papel na relação sexual, sendo responsável pela maior parte do prazer. A cliteridectomia vem acompanhada, muitas vezes, da ablação dos lábios internos da vulva, o que reduz, ainda mais, o prazer obtido na relação sexual. Finalmente, há outro tipo de mutilação, conhecida como *infibulação*, que consiste na sutura dos lábios maiores da vulva, deixando-se um pequeno orifício para a passagem do sangue menstrual e de outros fluidos. Cada vez que uma mulher infibulada tem um filho, ou se corta a costura anteriormente feita, ou os lábios maiores da vulva são dilacerados pela passagem do bebê. Em ambos os casos, esta mulher será novamente infibulada. Não raramente, as três mutilações são realizadas em uma única mulher, ainda na infância, visando, cada uma a seu modo, a diminuir o prazer proporcionado pelo sexo e, ao mesmo tempo, tornar a relação sexual um verdadeiro suplício. Um dos elementos nucleares do *patriarcado* reside exatamente no controle da sexualidade feminina, a fim de assegurar a fidelidade da esposa a seu marido. Tais mutilações podem, atualmente, ser realizadas em hospitais com satisfatórias condições de assepsia, mas não é isto que ocorre na maioria delas. Nas zonas rurais, nas vilas, enfim, nas regiões mais longínquas do poder central, em geral, são feitas com uma lâmina de barbear, no Brasil, gilete, sem nenhum cuidado higiênico, decorrendo daí muitas mortes por infecção. Há povos cujo costume exige que as meninas dancem, mesmo sangrando e sofrendo dores atrozes, imediatamente após a(s) mutilação(ções). Já de pronto, morrem 15% das mutiladas. Muitas pequenas publicações, sobretudo norte-americanas, relatam os fatos e suas consequências[5]. Em quase todos os congressos internacionais fazem-se denúncias desta violação dos direitos humanos das mulheres. Nunca se chega, contudo, a um consenso, persistindo o costume em nome do respeito devido às especificidades culturais. Mais grave ainda foi a realização de uma cliteridectomia, num hospital paulistano[6], por um médico muçulmano numa garota muçulmana. Neste caso, não se sustenta o argumento da especificidade cultural, já que quem é imigrante num país como o Brasil, no qual qualquer mutilação é proibida, deve obedecer às leis e aos costumes da nação de acolhida.

De outra parte, na Índia, país no qual se leva muito a sério o regime dotal de casamento – no Brasil, o Código Civil que vigorou de 1917 a 2003 continha o regime dotal, já em desuso na prática (Nazzari, 1991) e, felizmente, abolido no atual código –, constitui-se num costume de o homem matar sua esposa, dando ao *femicídio* aparência de acidente, para, em seguida, casar-se

---

[5] Tendo doado parte de minha biblioteca, não mais disponho das revistas, ocorrendo-me o título de apenas uma: *WIN News*, da Women's International Network.

[6] Infelizmente, não se pode oferecer o nome do médico que presenciou a operação, pois ele entrou com uma ação judicial contra o profissional da medicina que a realizou.

com outra e, assim, receber outro dote. Embora a dominação inglesa na Índia tenha contribuído muito para a abolição da lei que exigia a imolação da viúva na mesma pira em que fora cremado seu marido, o costume continuou existindo. Nas pequenas cidades a obrigação da viúva, independentemente de sua idade (como se casam ainda meninas, uma viúva pode ter não mais que 15 anos), era, e talvez ainda o seja, tomada com tal seriedade e, ao mesmo tempo, com o máximo de desprezo pelas mulheres, que, há poucos anos, uma adolescente, tendo enviuvado, resolveu fugir da comunidade, a fim de preservar sua vida. A comunidade deliberou, então, que a primeira jovem que lá chegasse cumpriria a pena da fugitiva. E assim foi feito com uma adolescente que se mudou para lá. Observe-se que a fidelidade da mulher a seu esposo deve ser eterna. Continuar viva não garante este absurdo costume. Logo, a imolação da jovem é considerada imprescindível.

 Embora brasileiras e brasileiros se assustem com tais atrocidades, aqui ocorrem outras não menos graves. Há pouco mais de duas décadas, um nordestino marcou, com o ferro em brasa utilizado para marcar gado, sua companheira com as letras MGSM, iniciais da expressão *mulher galheira só morta*, meramente porque suspeitava estar sua esposa cometendo infidelidade conjugal. Há outro caso do uso, na esposa, do ferro de marcar gado, recentemente noticiado pelos jornais e pela televisão. O caso de Maria Celsa é muito conhecido e deve ter ocorrido por volta de duas décadas atrás. Seu namorado jogou álcool em seu corpo e ateou--lhe fogo. A moça teve queimaduras de suma gravidade, ficando deformada. A solidariedade de feministas e de médicos permitiu que ela passasse por várias cirurgias plásticas, que melhoraram sua aparência, sem restituir-lhe o antigo rosto.

 A belíssima Ângela Diniz foi assassinada por Doca Street, que descarregou seu revólver especialmente em seu rosto e crânio, impedindo-a de conservar sua beleza, pelo menos, até seu enterro. Atirar num lindo rosto deve ter tido um significado, talvez o fato de aquela grande beleza tê-lo fascinado, aprisionando-o a ela, impotente para abandoná-la. Este crime de clamor público foi perpetrado em 30 de dezembro de 1976, na residência de Ângela, na Praia dos Ossos, município de Cabo Frio/RJ. Como Ângela Maria Fernandes Diniz havia decidido romper definitivamente sua relação amorosa com Raul Fernando do Amaral Street, este, inconformado com a separação e com seu insucesso na tentativa de persuadi-la a reconsiderar a decisão, matou-a. O poder, como já foi escrito (Saffioti e Almeida, 1995), tem duas faces: a da potência e a da impotência. As mulheres estão familiarizadas com esta última, mas este não é o caso dos homens, acreditando-se que, quando eles perpetram violência, estão sob o efeito da impotência. Em seu primeiro julgamento pelo Tribunal do Júri de Cabo Frio, em 1980, o famoso criminalista Evandro Lins e Silva ressuscitou a antiquíssima tese, em desuso havia muito tempo, da *legítima defesa da honra* (Barsted, 1995). Doca Street foi condenado a apenas dois anos de *detenção*, com direito a *sursis*[7], uma vez que o conselho de sentença aceitou a tese do excesso culposo no estado de legítima defesa. Dado o brilhantismo do criminalista, foi aplaudido pela assistência, quando da enunciação do resultado. Doca Street declarara que matara por amor. Um grupo de feministas do Estado do Rio de Janeiro organizou--se para conscientizar a população de Cabo Frio, de cujo seio

---

[7] Quando a pena é fixada em até dois anos de detenção, o juiz pode conceder ao réu o direito de *sursis*, isto é, o réu foi condenado, mas não cumpre a pena de privação de liberdade. A função do conselho de sentença consiste em responder aos quesitos elaborados pelo juiz. Como, neste caso, os jurados aceitaram a tese defendida por Lins e Silva, o juiz fixou uma pena simbólica para Doca Street, concedendo-lhe, ainda, o direito de *sursis*.

sairiam os jurados que integrariam o conselho de sentença, pois o réu seria levado novamente ao Tribunal do Júri, já que o primeiro julgamento fora anulado pelo Tribunal de Justiça do Estado de Rio de Janeiro. Aproveitando-se do que dissera o réu, feministas se mobilizaram com o *slogan* "Quem ama não mata". Doca Street, desta vez, foi condenado a 15 anos de *reclusão*. Logo conseguiu o benefício de trabalhar durante o dia (justo um *playboy* que jamais havia trabalhado), voltando para a prisão para dormir. Fingia trabalhar numa concessionária de automóveis. Não tardou a conquista da liberdade total.

Eliane de Grammont foi morta por seu ex-marido – de quem se tinha separado havia cerca de dois anos – em público, enquanto cantava, numa boate. A filha de Glória Peres foi brutalmente assassinada por um casal, parece que em virtude do ciúme manifesto pela esposa. Ambos cumpriram parcela curta da pena e gozam de plena liberdade. A jornalista Sandra Gomide foi assassinada, com premeditação, o que constitui agravante penal, pelo também jornalista Pimenta (talvez malagueta), que responde ao processo em liberdade. Todos estes foram crimes de clamor público e, por isto, gravados na memória de grande parte da população. Há um caso que foge ao clamor público, valendo a pena mencioná-lo. O relato deste triste caso foi feito por uma ex-aluna e atual amiga da autora deste livro. Ela era garota de seus 8, 9 anos, quando da ocorrência do crime. Uma de suas tias paternas, casada, sofria violência de toda ordem da parte de seu marido. Depois de muitos anos de verdadeira tortura, tomou uma deliberação, a fim de ver-se livre daquele homem. Na época, uma mulher separada ou desquitada gozava de má reputação. O casal tinha um bar e, para auxiliar no trabalho deste pequeno negócio, haviam contratado um empregado. Em geral, a mulher não tem coragem de matar. Quando deseja fazê-lo, contrata alguém para realizar o serviço sujo, guardando para si o planejamento. No momento combinado, o empregado começou a desempenhar sua função. Incompetente, precisou da ajuda de sua patroa. Ambos foram presos, pois houve flagrante, julgados e condenados. O irmão da ré, morador de uma cidadezinha do interior, vinha a São Paulo, quando podia, visitar sua irmã prisioneira. Numa destas viagens, sua filha, já com 10, 12 anos, também veio visitar a tia. Na prisão, o irmão da presidiária pôs-se a chorar, tendo ele e sua pequena filha ouvido o seguinte da prisioneira: "Não chore por minha causa; *foi aqui na prisão que conheci a liberdade*". Quanto deve haver sofrido esta mulher nas garras de seu marido para conhecer a liberdade na clausura! Então, a democracia não começa em casa? Alguns estudiosos citam Hannah Arendt para legitimar suas ideias de que o espaço doméstico é o espaço da privação. Não levam em conta as condições em que viviam os judeus no gueto de Varsóvia. O gueto era sim o espaço da privação. Hoje, estão presentes no espaço doméstico o rádio, a televisão, os jornais, a internet. Logo, o doméstico não é, necessariamente, o espaço da privação. Isto dependerá das posses da família, de sua religião, enfim, de uma série de fatores.

O conceito de patriarcado

Neste ponto da discussão, convém fazer uma incursão na vertente sexual, crescentemente apêndice, da teoria/doutrina política do contrato. Para tanto, recorrer-se-á a Pateman (1993).

A dominação dos homens sobre as mulheres e o direito masculino de acesso sexual regular a elas estão em questão na formulação do pacto original. O contrato social é uma história de liberdade; o contrato sexual é uma história de sujeição. O contrato original cria ambas, a liberdade e a dominação. A liberdade do homem e a sujeição da mulher derivam do contrato original e o sentido da liberdade civil não pode ser compreendido sem a metade perdida da história, que revela como o direito patriarcal dos homens sobre as mulheres é criado pelo contrato.

A liberdade civil não é universal – é um atributo masculino e depende do direito patriarcal. Os filhos subvertem o regime paterno não apenas para conquistar sua liberdade, mas também para assegurar as mulheres para si próprios. Seu sucesso nesse empreendimento é narrado na história do contrato sexual. O pacto original é tanto um contrato sexual quanto social: é social no sentido de patriarcal – isto é, o contrato cria o direito político dos homens sobre as mulheres –, e também sexual no sentido do estabelecimento de um acesso sistemático dos homens ao corpo das mulheres. O contrato original cria o que chamarei, seguindo Adrienne Rich, de 'lei do direito sexual masculino'. O contrato está longe de se contrapor ao patriarcado: ele é o meio pelo qual se constitui o patriarcado moderno (p. 16-17).

Integra a ideologia de gênero, especificamente patriarcal, a ideia, defendida por muitos, de que o contrato social é distinto do contrato sexual, restringindo-se este último à esfera privada. Segundo este raciocínio, o *patriarcado* não diz respeito ao mundo público ou, pelo menos, não tem para ele nenhuma relevância. Do mesmo modo como as relações patriarcais, suas hierarquias, sua estrutura de poder contaminam toda a sociedade, o direito patriarcal perpassa não apenas a sociedade civil, mas impregna também o Estado. Ainda que não se possa negar o predomínio de atividades privadas ou íntimas na esfera da família e a prevalência de atividades públicas no espaço do trabalho, do Estado, do lazer coletivo, e, portanto, as diferenças entre o público e o privado, estão estes espaços profundamente ligados e parcialmente mesclados. Para fins analíticos, trata-se de esferas distintas; são, contudo, inseparáveis para a compreensão do todo social. "A liberdade civil depende do direito patriarcal" (p. 19).

Raciocinando na mesma direção de Johnson (1997), Pateman mostra o caráter masculino do contrato original, ou seja, é um contrato entre homens, cujo objeto são as mulheres. A diferença sexual é convertida em diferença política, passando a se exprimir ou em liberdade ou em sujeição. Sendo o *patriarcado* uma forma de expressão do poder político, esta abordagem vai ao encontro da máxima legada pelo feminismo radical: "*o pessoal é político*". Entre outras alegações, a polissemia do conceito de *patriarcado*, aliás, existente ainda com mais força no de gênero, constitui um argumento contra seu uso. Abandoná-lo

(...) representaria, na minha maneira de entender, a perda, pela teoria política feminista, do único conceito que se refere especificamente à sujeição da mulher, e que singulariza a forma de direito político que todos os homens exercem pelo fato de serem homens. Se o problema não for nomeado, o patriarcado poderá muito bem ser habilmente jogado na obscuridade, por debaixo das categorias convencionais da análise política. (...) Grande parte da confusão surge porque 'patriarcado' ainda está por ser desvencilhado das interpretações patriarcais de seu significado. Até as discussões feministas tendem a permanecer dentro das fronteiras dos debates patriarcais sobre o patriarcado. É urgente que se faça uma história feminista do conceito de patriarcado. Abandonar o conceito significaria a perda de uma história política que ainda está para ser mapeada (Pateman, p. 39-40).

Não apenas se endossa o pensamento de Pateman, como também se reforça sua preocupação com o abandono do conceito de *patriarcado*, evocando-se uma autora hoje contrária ao uso deste *constructo mental*[8].

As categorias analíticas feministas devem ser instáveis – teorias consistentes e coerentes em um mundo instável e incoerente são obstáculos tanto para nossa compreensão quanto para nossas práticas sociais (Harding, 1986, p. 649).

Efetivamente, quanto mais avançar a teoria feminista, maiores serão as probabilidades de que suas formuladoras se libertem das categorias patriarcais de pensamento. Ou melhor, quanto mais as(os) feministas se distanciarem do esquema pa-

---

[8] O *constructo mental* pode ser um conceito ou uma categoria analítica, esta de menor grau de abstração que o primeiro.

triarcal de pensamento, melhores serão suas teorias. Colocar o nome da dominação masculina – *patriarcado* – na sombra significa operar segundo a ideologia patriarcal, que torna *natural* essa dominação-exploração. Ainda que muitas(os) teóricas(os) adeptas(os) do uso exclusivo do conceito de *gênero* denunciem a naturalização do domínio dos homens sobre as mulheres, muitas vezes, inconscientemente, invisibilizam este processo por meio, por exemplo, da apresentação de dados. À medida que as(os) teóricas(os) feministas forem se desvencilhando das categorias patriarcais, não apenas adquirirão poder para nomear de *patriarcado* o regime atual de relações homem-mulher, como também abandonarão a acepção de poder paterno do direito patriarcal e o entenderão como direito sexual. Isto equivale a dizer que o agente social *marido* se constitui antes que a figura do pai. Esta se encontra atenuada nas sociedades complexas contemporâneas, mas ainda é legítimo afirmar-se que se vive sob a lei do pai. Todavia, a figura forte é a do marido, pois é ela que o contrato sexual dá à luz. O *patria potestas* cedeu espaço, não à mulher, mas aos filhos. O patriarca que nele estava embutido continua vivo como titular do direito sexual. O pensamento de Pateman, neste sentido, vai ao encontro do de Harding, expresso no artigo de 1986, referido.

> A interpretação patriarcal do 'patriarcado' como direito paterno provocou, paradoxalmente, o ocultamento da origem da família na relação entre marido e esposa. O fato de que os homens e mulheres fazem parte de um contrato de casamento – um contrato original que instituiu o casamento e a família – e de que eles são maridos e esposas *antes* de serem pais e mães é esquecido. O direito conjugal está, assim, subsumido sob o direito paterno e as discussões sobre o patriarcado giram em torno do poder (familiar) das mães e dos pais, ocultando, portanto, a questão social mais ampla referente ao caráter das relações entre homens e mulheres e à abrangência do direito sexual masculino (Pateman, p. 49).

Muitas análises em termos de *patriarcado* pecam por não terem dado conta de que os vínculos familiares de parentesco são atribuídos e particulares, enquanto os vínculos convencionados e universais do contrato estruturam a sociedade moderna. Caberia, então, novamente, a pergunta: por que se manter o nome *patriarcado*? Sistematizando e sintetizando o acima exposto, porque:

1 – não se trata de uma relação privada, mas civil;

2 – dá direitos sexuais aos homens sobre as mulheres, praticamente sem restrição. Haja vista o débito conjugal explícito nos códigos civis inspirados no Código Napoleônico e a ausência sistemática do tipo penal *estupro no interior do casamento* nos códigos penais. Há apenas uma década, e depois de muita luta, as francesas conseguiram capitular este crime no Código Penal, não se tendo conhecimento de se, efetivamente, há denúncias contra maridos que violentam suas esposas. No Brasil, felizmente, não há especificação do estuprador. Neste caso, pode ser qualquer homem, até mesmo o marido, pois o que importa é contrariar a vontade da mulher, mediante o uso de violência ou grave ameaça;

3 – configura um tipo hierárquico de relação, que invade todos os espaços da sociedade;

4 – tem uma base material;

5 – corporifica-se;

6 – representa uma estrutura de poder baseada tanto na ideologia quanto na violência.

Depois de extenso exame de dados de dezenas de nações situadas nos cinco continentes, informações estas expostas nas páginas 169-285, Castells (1999) conclui: "(...) o patriarcalismo [*sic*] dá sinais no mundo inteiro de que ainda está vivo e passando bem (...)" (p. 278).

Entendido como imagens que as sociedades constroem do masculino e do feminino, não pode haver uma só sociedade sem gênero. A eles corresponde uma certa divisão social do trabalho, conhecida como divisão sexual do trabalho, na medida em que ela se faz obedecendo ao critério de sexo. Isto não implica, todavia, que as atividades socialmente atribuídas às mulheres sejam desvalorizadas em relação às dos homens. Nas sociedades de caça e coleta, por exemplo, a primeira atividade cabe aos homens e a segunda às mulheres. Embora proteínas animais sejam necessárias ao organismo humano (nunca, entretanto, se ouviu falar da morte de um vegetariano por carência de proteína animal), em tais sociedades as mulheres eram responsáveis por mais de 60% da provisão dos víveres necessários ao grupo (Lerner, 1986). Enquanto a coleta é certa, acontecendo cotidianamente, a caça é incerta. Um grupo de homens pode voltar da caçada com um animal de grande ou médio porte, provendo as necessidades de seu grupo, como pode voltar sem nada. Logo, a atividade dos homens, realizada uma ou duas vezes por semana, não é confiável em termos de produto. Já a das mulheres lhes permite voltar a sua comunidade sempre com algumas raízes, folhas e frutos. A rigor, então, a sobrevivência da humanidade, felizmente variando no tempo e no espaço, com esta divisão sexual do trabalho (não se pode afirmar que todos os povos hajam passado pelo estágio da caça e coleta), foi assegurada pelo trabalho das mulheres. Johnson atribui a dois fatores históricos a lenta transição desta sociedade igualitária às sociedades que se conhecem hoje[9]: 1) a produção de excedente

---

[9] Maurice Godelier (1982), antropólogo francês, estudou, durante mais de uma década, o povo *Baruia*, da Nova Guiné, tendo-o conhecido em 1967, quando de sua primeira viagem. Vivem numa ilha, ao Norte da Austrália, tendo tido seu primeiro contato com brancos em 1951. Em 1960, a Austrália estabeleceu seu domínio sobre os *Baruia*. Portanto, até 1960, este povo "se governava sem classe dirigente, sem Estado, o que não quer dizer sem desigualdades. Uma parte da sociedade, os homens, dirigia a outra, as mulheres; eles regiam a sociedade não sem as mulheres, mas contra elas" (p. 10). Como os homens davam gigantesca

econômico, cerca de 11 mil anos atrás; 2) a descoberta de que o homem era imprescindível para engendrar uma nova vida, o que se deu logo depois.

Baseada em resultados de pesquisas paleontológicas, arqueológicas e outras evidências, Lerner apresenta outro sistema de datação. Desprezando a produção de excedente econômico, parte do conhecimento da participação masculina na antropoprodução[10] (Bertaux, 1977), o que dá mais poder aos homens, permitindo-lhes a implantação de um regime de dominação-exploração das mulheres. Estas, embora não fossem detentoras de mais poder que os homens, nas sociedades de caça e coleta, eram consideradas seres poderosos, fortes, verdadeiros seres mágicos, em virtude de sua capacidade de conceber e dar à luz, presumivelmente sozinhas. Como a caça não é uma atividade diária, aos homens sobrava muito tempo livre, imprescindível para o exercício da criatividade. Foi, por conseguinte, na chamada "sombra e água fresca" que os homens

---

importância ao sêmen, instituiu-se o *fellatio* como prática sexual rotineira dos casais, sendo esta prática também incluída em ritos de passagem da idade infantil à fase adulta da vida. Como os meninos não produziam sêmen, era necessário que eles o bebessem, a fim de poderem ser considerados homens, ou seja, superiores às meninas e mulheres de mais idade. Isto tudo, na verdade muito mais, resultou de uma importância exagerada atribuída ao sêmen, que era o único responsável pela geração de uma nova vida, pela produção dos nutrientes para o desenvolvimento do feto e pela fabricação de leite, com o qual alimentar o bebê. Este livro, *La production de grands hommes*, foi publicado em 1982. Este fato tem alta relevância, pois o leitor poderia imaginar que esta sociedade na qual a inferiorização das mulheres era enorme tivesse existido há milênios, quando, na verdade, sua organização social, especificamente sua estrutura de poder, foi estudada recentemente. Embora já se tenha chamado a atenção do leitor para a não necessidade desta etapa e para sua não coincidência no tempo e no espaço, este exemplo é muito esclarecedor, porque, em termos históricos, esta sociedade existiu ontem.

[10] Antropoprodução consiste na produção de seres humanos, ou seja, na sua reprodução não apenas biológica, mas também social.

criaram sistemas simbólicos da maior eficácia para destronar suas parceiras. Este processo foi extremamente lento, graças à resistência das mulheres. Segundo esta historiadora austríaca, vivendo nos Estados Unidos desde a ascensão do nazismo, o processo de instauração do patriarcado teve início no ano 3100 a.C. e só se consolidou no ano 600 a.c. A forte resistência oposta pelas mulheres ao novo regime exigiu que os machos lutassem durante dois milênios e meio para chegar a sua consolidação. Se a contagem for realizada a partir do começo do processo de mudança, pode-se dizer que o *patriarcado* conta com a idade de 5.203-4 anos. Se, todavia, se preferir fazer o cálculo a partir do fim do processo de transformação das relações homem-mulher, a idade desta estrutura hierárquica é de tão somente 2.603-4 anos. Trata-se, a rigor, de um recém-nascido em face da idade da humanidade, estimada entre 250 mil e 300 mil anos. Logo, não se vivem sobrevivências de um *patriarcado remoto*; ao contrário, o *patriarcado* é muito jovem e pujante, tendo sucedido às sociedades igualitárias.

De maneira nenhuma se nega a utilidade do conceito de *gênero*. Embora o conceito não existisse, o *gênero*, concebido como o significado do masculino e do feminino produzido pela vida gregária, sempre esteve presente. A divisão sexual do trabalho nas sociedades de caça e coleta não se explica pela maior força física do homem, pois há sociedades nas quais cabe às mulheres a caça da foca. Não se trata de pequeno animal, há de se agregar. Além disto, a foca é tão lisa quanto alguns políticos brasileiros e estrangeiros. Ela é caçada, inclusive por mulheres grávidas, quando toma sol nas rochas que circundam os oceanos e mares. Com o movimento das águas, pedras e focas ficam constantemente molhadas. Tais circunstâncias dificultam ainda mais sua caça, uma vez que elas se tornam excessivamente escorregadias. Não obstante, são caçadas por mulheres. Logo, o argumento da força física não se sustenta. A hipótese mais convincente para justificar a divisão sexual do trabalho nas sociedades de caça e coleta parece ser a que se segue. Como não havia Nestlé, era obrigatório o aleitamento do bebê ao seio. Desta sorte, o trabalho feminino era realizado com a mulher carregando seu bebê amarrado ao peito ou às costas. Os bebês eram, assim, aleitados facilmente toda vez que sentissem fome. Como bebê não fala, sua maneira de expressar suas necessidades é o choro. Daí vem a sabedoria popular, inclusive em sentido figurado, dizendo: "quem não chora não mama". Presuma-se que às mulheres fosse atribuída a tarefa da caça. O menor sussurro do bebê espantaria o animal destinado à morte e as caçadoras voltariam, invariavelmente, para seu grupo, sem nenhum alimento. Já as plantas, desde as raízes, passando pelas folhas e chegando aos frutos, permanecem imperturbáveis ouvindo o choro das crianças. Pelo menos era assim que se comportavam, antes de serem habituadas a produzir mais frutos ao som do "Adágio", de Albinoni, tocado pelo flautista Jean-Pierre Rampal. Esta brincadeira constitui uma paráfrase do uso da música clássica para elevar a produção de ovos ou de leite, evidentemente por galinhas e vacas de bom gosto. Mas, por outro lado, se o gene, de fato, sofre influência das condições históricas vividas, por que não pensar que tais condutas em granjas e estábulos auxiliam os argumentos de Keller?

Enquanto animais ditos irracionais comem, dormem, produzem ao som de uma bela música, mulheres são espancadas, humilhadas, estupradas e, muitas vezes, assassinadas por seus próprios companheiros e, com frequência, por ex-companheiros, ex-namorados, ex-amantes. Sobretudo quando a iniciativa do rompimento da relação é da mulher, esta perseguição, esta importunação, este molestamento podem chegar ao *femicídio*. Várias mulheres nestas condições solicitaram proteção policial.

Como a segurança das mulheres é considerada questão secundária, o pedido não foi atendido, daí resultando a morte das ameaçadas. Embora a violência tenha seu ciclo, especialmente a doméstica, isto é meramente descritivo, não induzindo sequer a atitudes preventivas. É mais adequada a percepção de que a violência contra mulheres desenvolve-se em escalada. Isto sim pode mostrar a premência da formulação e da implementação de políticas públicas que visem a sua extinção.

A sociedade assemelha-se a um galinheiro, sendo, contudo, o galinheiro humano muito mais cruel que o galináceo. Quando se abre uma fresta na tela do galinheiro e uma galinha escapa, o galo continua dominando as galinhas que restaram em seu território geográfico. Como o território humano não é meramente físico, mas também simbólico, o homem, considerado todo-poderoso, não se conforma em ter sido preterido por outro por sua mulher, nem se conforma quando sua mulher o abandona por não mais suportar seus maus-tratos. Qualquer que seja a razão do rompimento da relação, quando a iniciativa é da mulher, isto constitui uma afronta para ele. Na condição de macho dominador, não pode admitir tal ocorrência, podendo chegar a extremos de crueldade. A sociedade, similarmente ao galinheiro, também apresenta uma ordem das bicadas, assunto a ser tratado, se possível, mais adiante.

Lesão corporal dolosa

O trabalho de campo da Fundação Perseu Abramo produziu dados que mostram que 20% das mulheres sofrem lesão corporal dolosa (LCD) considerada leve, o crime mais cometido por homens contra mulheres, em particular quando vivem no mesmo domicílio. Não é necessário que se trate de casais; as brigas podem ocorrer entre irmãos, em detrimento da mulher. Geralmente, porém, são mesmo os companheiros os agentes destas violências. Pouco menos de um quinto (18%) das interrogadas sofre violência psicológica, sendo frequentes as ofensas à conduta moral das vítimas. O crime de ameaça costuma acompanhar outras modalidades de violência ou substituir a violência física. A pesquisa *Violência doméstica: questão de polícia e da sociedade* revelou uma tendência de queda da LCD e, em substituição, uma elevação do crime de ameaça. Lembra-se que tal pesquisa coligiu dados dos anos de 1988 e 1992, quando a maioria dos crimes cometidos contra mulheres eram julgados pelo Código Penal, uma vez que a legislação agora em vigor – a Lei 9.099 – entrou em vigência em novembro de 1995. Embora não seja agradável viver sob ameaça, certamente é menos ruim que sofrer espancamentos e outros maus-tratos. Lamentavelmente, esta tendência, considerada positiva, em virtude do medo infundido pela autoridade policial – a delegada – no homem (este se continha na LCD, contentando-se com ameaçar sua companheira), foi abruptamente interrompida pela aprovação da Lei 9.099, que, segundo revelou a pesquisa *Violência doméstica sob a Lei 9.099/95* (Saffioti, 2003), legalizou pelo menos a violência doméstica, enquadrada nos tipos penais apenados com até um ano de detenção.

Retomando o fruto do trabalho de campo, 15% das entrevistadas afirmaram sofrer um tipo de violência dos mais trágicos, em termos de abertura de chagas na alma. Trata-se de uma conduta inaceitável do homem – quebrar objetos e rasgar roupas da companheira – em virtude de tentar destruir, às vezes conseguindo, a identidade desta mulher. Os resultados destas agressões não são feridas no corpo, mas na alma. Vale dizer feridas de difícil cura. Nas cerca de 300 entrevistas feitas com vítimas na pesquisa *Violência doméstica: questão de polícia e da sociedade* foi frequente as mulheres se pronunciarem a respeito da maior facilidade de superar uma violência física, como empurrões, tapas, pontapés, do que humilhações. De acordo com elas, a humilhação provoca uma dor muito profunda. Proporção não negligenciável de mulheres (12%) relatou haver sofrido, com certa frequência, violências verbais desrespeitosas e desqualificadoras de seu trabalho, seja fora do lar, seja neste, LCD, provocando cortes, marcas ou fraturas. A situação foi narrada por 11% das entrevistadas. Este tipo de LCD é considerado de natureza grave (art. 129 do Código Penal) e, dependendo das sequelas que deixar na vítima, é apenado com mais de um ano de reclusão (cinco anos), sendo julgado, portanto, de acordo com o Código Penal. Duvida-se, contudo, que os réus tenham sido condenados, porque, já na delegacia de polícia, o crime é classificado como LCD leve, cuja pena é de detenção[11] de três meses a um ano, sendo julgado segundo os dispositivos da Lei 9.099, nos Juizados Especiais Criminais (JECrim). O cárcere privado foi sofrido por 9% das investigadas, que, uma vez trancadas em suas casas, foram obrigadas a faltar ao trabalho; 8% foram ameaçadas com armas de fogo; e 6% foram forçadas a realizar determinadas práticas sexuais que não as agradavam. Considerando-se apenas mulheres que têm ou tiveram filhos (18%), 10% foram vítimas de acusações reiteradas de que não eram boas mães. Dada a valorização da mãe nas culturas cristãs, estas críticas infundem muita culpa na acusada. Aliás, as mulheres são culpabilizadas por quase tudo que não dá certo. Se ela é estuprada, a culpa é dela, porque sua saia era muito curta ou seu decote, ousado. Embora isto não se sustente, uma vez que bebês e outras crianças ainda pequenas sofrem abusos sexuais que podem dilacerá-las, a vítima adulta sente-se culpada. Se a educação dos filhos do casal resulta positivamente, o pai é

---

[11] A detenção é mais leve do que a reclusão. Os detentos podem alcançar benefícios interditados aos reclusos.

formidável; se algo dá errado, a mãe não soube educá-los. Mais uma vez, a vítima sabe, racionalmente, não ter culpa alguma, mas, emocionalmente, é inevitável que se culpabilize. Benedict tem mesmo razão: pelo menos para as mulheres, a civilização ocidental é a civilização da culpa. Eis por que é fácil as mulheres assumirem o papel de vítimas. Pior ainda é o fato de muitas cientistas entrarem neste jogo, assumindo a posição vitimista. Ora, nem sempre as mulheres são vítimas. Há as que provocam o parceiro, a fim de criar uma situação de violência; outras difamam o nome de seus companheiros, inventando fatos que eles teriam cometido. As mulheres são grandes espancadoras de crianças, em geral de seus próprios filhos. É verdade que, mesmo trabalhando fora do lar, a mulher permanece mais tempo com seus filhos, o que lhe possibilita ver certas atitudes destas crianças que merecem correção. Não se defende, aqui, a pedagogia da violência. Entretanto, quem convive muito com os filhos e os proíbe de fazer certas coisas, depois de 20 reprimendas verbais sem êxito, perde a paciência, ou melhor, sente-se impotente e dá umas palmadas no(a) autor(a) das travessuras. Tal fenômeno pode também ser chamado de síndrome do pequeno poder (Saffioti, 1989), à qual estão sujeitas ambas as categorias de sexo. É verdade que o homem entra em síndrome do pequeno poder com mais facilidade e frequência que a mulher. Pode-se até dizer que quando a mãe dá palmadas em seus filhos está, rigorosamente, exercendo o poder patriarcal, que lhe foi delegado pelo pai das crianças. Isto se expressa, de maneira cristalina, na própria fala da mãe ao filho punido: "Isto é só o aperitivo. Você levará aquela surra quando seu pai chegar e eu lhe contar o que você fez". A autoridade máxima é o pai, a quem a mãe evoca, no momento da impotência, exatamente com este papel. Assim, embora as mulheres não sejam cúmplices dos patriarcas, cooperam com eles, muitas vezes inconscientemente, para a perpetuação deste regime.

As projeções da Fundação Perseu Abramo, partindo dos dados coligidos, são: como 11% das investigadas relataram vivências de espancamento (LCD) num universo de 61,5 milhões, estima-se que, entre as brasileiras vivas, pelo menos 6,8 milhões delas tiveram, ainda que uma só vez, esta experiência. Já que as casadas com espancadores contumazes relataram que a última violência deste tipo havia ocorrido no período dos 12 meses anteriores ao trabalho de campo, projetou-se, por baixo, cerca de 2,1 milhões de vítimas de LCD ao ano, 175 mil ao mês, 5,8 mil ao dia, 243 a cada hora, o que significa quatro vítimas por minuto ou uma a cada 15 segundos. Esta realidade estava bem escondida. E foi descoberta pela área das perfumarias. E há muitas outras que, infelizmente, não conquistarão espaço neste pequeno livro.

LCD é, sem dúvida, o crime prevalente contra mulheres. Entre suas vítimas, 32% afirmaram ter este fato ocorrido apenas uma vez, enquanto outros 20% delas apontaram para duas ou três vezes. Entre as vítimas de LCD, 11% admitiram sua ocorrência por mais de dez vezes. Há, ainda, aquelas (15%) que certamente perderam a conta do número de espancamentos que sofreram, preferindo mencionar o tempo em que ficaram expostas a este tipo de violência: mais de dez anos foi comum, havendo 4% que se referiram a mais de dez anos e durante toda a vida. O marido agressor comparece com 53% nos casos de ameaça à integridade física da companheira com armas, subindo sua presença para 70% quando se tomam todas as modalidades de violência investigadas, exceto o assédio sexual. Se aos companheiros se somarem os ex-maridos, ex-namorados, ex-companheiros, esse grupo constitui a esmagadora maioria dos agressores.

Talvez pelo fato de serem encarregadas da educação dos filhos, as mulheres, em geral, sejam tão onipotentes. Julgam-se capazes de mudar o companheiro, quando, a rigor, ninguém muda outrem. A pessoa pode decidir transformar-se e, com auxílio de um bom profissional *psi*, ter êxito. Tal sucesso pode também ser obtido sem ajuda de ninguém, sendo, entretanto, mais penoso, mais lento e de duvidoso êxito. Os seres humanos são condicionados a treinar suas habilidades e potencialidades numa certa direção. Por assim dizer, especializam-se. Isto não ocorre apenas no âmbito do trabalho, mas em todas as atividades por ele(a) desempenhadas. Especializam-se até nas manias, tornando-se compulsivas certas condutas. Não se está aderindo à maneira simplória de resolver o problema da violência contra mulheres, ou seja, à patologização, mas ampliando o leque de perspectivas, embora não se trate de uma adesão acrítica àquilo que Bourdieu (1989) chamou de *habitus*. "(...) o *habitus*, como indica a palavra, é um conhecimento adquirido e também um *haver*, um capital de um agente em ação (...)" (p. 61). Trata-se, pois, de dispositivos que operam "sem necessidade de o agente raciocinar para se orientar e se situar de maneira racional num espaço" (p. 62). O *habitus* nasce justamente da interação entre o processo de socialização e o equipamento genético de que é portador o agente social. Este conceito tem utilidade, mas incomoda por sua quase absoluta permanência, ou seja, quase impossibilidade de mudar. Se assim não fora, Bourdieu não teria escrito, com a colaboração de Passeron, um livro sobre a reprodução ao qual atribuiu exatamente este título (Bourdieu e Passeron, 1970). O *habitus* mais forte em Bourdieu era exatamente o mecanismo da permanência (por esta razão, quase todos os seus conceitos são fechados), em detrimento da transformação. Todavia, estando alerta para isto, os cientistas sociais podem utilizá-los todos. Parece, no entanto, muito menos ou nada problemático o uso, quando cabível, do conceito de conservação-dissolução, formulado por Bettelheim (1969), inspirado em Marx. Este, fazendo a crítica da economia burguesa, mostra a necessidade de se começar pelo complexo, a fim de poder compreender o simples. Desta sorte, é preciso analisar a sociedade burguesa para se entender as que a precederam, mesmo porque aquela contém, ainda que de forma estiolada, travestida, a sociedade antiga e a sociedade feudal.

Uma formação social jamais desaparece antes que estejam desenvolvidas todas as forças produtivas que ela pode conter, jamais relações de produção novas e superiores substituem as antigas antes que as condições materiais de existência destas relações desabrochem no próprio seio da velha sociedade. Eis por que a humanidade jamais levanta problemas que ela não pode resolver, pois, olhando-a de mais perto, saber-se-á que o próprio problema não surge senão onde as condições materiais para resolvê-lo já existam ou, pelo menos, estão em vias de emergir (Marx, 1957, prefácio, p. 5).

Assim, o novo e o velho coexistem até que prevaleça o primeiro, sem, contudo, desaparecer completamente o velho, que se apresenta de outras formas. Na família, coexistem novas e velhas relações até que as primeiras venham a ser prevalentes. As relações violentas devem ser trabalhadas no sentido de se tornarem igualitárias, democráticas, na presença, portanto, ainda que contidas, autorreprimidas, das antigas. As pessoas envolvidas na relação violenta devem ter o desejo de mudar. É por esta razão que não se acredita numa mudança radical de uma relação violenta, quando se trabalha exclusivamente com a vítima. Sofrendo esta algumas mudanças, enquanto a outra parte permanece o que sempre foi, mantendo seus *habitus*, a relação pode, inclusive, tornar-se ainda mais violenta. Todos percebem que a vítima precisa de ajuda, mas poucos veem esta necessidade no agressor. As duas partes precisam de auxílio para promover uma verdadeira transformação da relação violenta. Em muitos países, esta necessidade foi apreendida há décadas, dando oportunidade para a emergência de serviços de ajuda aos agressores. Alguns países latino-americanos os têm. No Brasil, existem algumas ONGs, como o "Papai", em Recife, e o "Noos", talvez o mais antigo, que opera na cidade do Rio de Janeiro e em mais dois ou três municípios da região metropolitana. Em São Paulo, o Pró-Mulher trabalha com a vítima e com o agressor. Embora não se possa fazer uma avaliação de todos(as) os(as) profissionais destas organizações, conhecem-se alguns entre os que prestam seus serviços no Papai e no Noos. Em ambos, há profissionais de alto nível, mas não se conhecem todos. No Pró-Mulher pode haver excelentes profissionais. Como só se conhece a coordenadora, o que se pode afirmar é que sua especialidade era patologizar os agressores. No entanto, o próprio serviço e as relações com a equipe podem ter produzido seu deslocamento para outra perspectiva. Desta forma, é melhor suspender o juízo até que se obtenham informações precisas e atuais a este respeito.

É chegado o momento de se esclarecer, com a precisão possível, as sobreposições e diferenças entre várias modalidades de violência, o que será realizado no próximo capítulo.

PARA ALÉM DA VIOLÊNCIA URBANA

Há, no Brasil, uma enorme confusão sobre os tipos de violência. Usa-se a categoria *violência contra mulheres* como sinônimo de *violência de gênero*. Também se confunde *violência doméstica* com *violência intrafamiliar*. Far-se-á, aqui, um esforço para demonstrar as sobreposições parciais entre estes conceitos e, mesmo assim, suas especificidades. Sem conceitos precisos, pode-se pensar estar falando de um fenômeno, enquanto se fala de outro. Mais grave, ainda, é iniciar uma pesquisa com este emaranhado de *constructos mentais*, na medida em que isto comprometeria até mesmo a elaboração do roteiro de entrevista ou questionário, levando o pesquisador a deixar de obter as respostas que ele busca para obter informações que não dizem respeito direto a sua pesquisa.

A *violência de gênero* é, sem dúvida, a categoria mais geral. Entretanto, causa certo mal-estar quando se pensa este conceito como aquele que engloba os demais, cada um apresentando tão somente nuanças distintas. Não se trata propriamente disto, pois também apresentam características específicas. É exatamente para estas especificidades que se pretende chamar a atenção do leitor. Por estas razões, estima-se prudente mostrar estes fatos em suas peculiaridades, a fim de se trabalhar com um quadro teórico de referência, capaz de orientar o investigador, em vez de confundi-lo. Não se pretende, por ora, voltar a discorrer sobre o conceito de *gênero*, pois o leitor já conhece o fundamental sobre ele para acompanhar o raciocínio deste capítulo. Recorrer-se-á a ele no próximo capítulo para aprofundar o que já foi expresso. No presente capítulo, ele será evocado somente quando necessário.

O uso deste conceito pode, segundo Scott (1988), revelar sua neutralidade, na medida em que não inclui, em certa instância, desigualdades e poder como necessários. Aparentemente um detalhe, esta explicitação permite considerar o conceito de *gênero* como muito mais amplo que a noção de *patriarcado* ou, se se preferir, *viriarcado, androcentrismo, falocracia, falologo-centrismo.* Para a discussão conceitual, este ponto é extremamente relevante, uma vez que *gênero* deixa aberta a possibilidade do vetor da dominação-exploração, enquanto os demais termos marcam a presença masculina neste polo. Neste livro, considerar-se-á *gênero* independentemente de a quem pertença a primazia: aos homens ou às mulheres. Que, entretanto, isto não seja tomado como adesão ao caráter supostamente mais neutro do conceito de *gênero*, pois, de certo ângulo, pode-se afirmar exatamente o oposto (Johnson, 1997).

Embora aqui se interprete *gênero* também como um conjunto de normas modeladoras dos seres humanos em homens e em mulheres, normas estas expressas nas relações destas duas categorias sociais, ressalta-se a necessidade de ampliar este conceito para as relações homem-homem e mulher-mulher, como, aliás, já se mencionou. Obviamente, privilegia-se o primeiro tipo de relação, posto que existe na realidade objetiva com a qual todo ser humano se depara ao nascer. Ainda que histórica, esta realidade é previamente dada para cada ser humano que passa a conviver socialmente. A desigualdade, longe de ser natural, é posta pela tradição cultural, pelas estruturas de poder, pelos agentes envolvidos na trama de relações sociais. Nas relações entre homens e entre mulheres, a desigualdade de gênero não é dada, mas pode ser construída, e o é, com frequência. O fato, porém, de não ser dada previamente ao estabelecimento da relação a diferencia da relação homem-mulher. Nestes termos, gênero concerne, preferencialmente, às relações homem-mulher. Isto não significa que uma relação de violência entre dois homens ou entre duas mulheres não possa figurar sob a rubrica de violência de *gênero*. A disputa por uma fêmea pode levar dois homens à violência, o mesmo podendo ocorrer entre duas mulheres na competição por um macho. Como se trata de relações regidas pela gramática sexual, podem ser compreendidas pela violência de gênero. Mais do que isto, tais violências podem caracterizar-se como *violência doméstica*, dependendo das circunstâncias. Fica, assim, patenteado que a violência de gênero pode ser perpetrada por um homem contra outro, por uma mulher contra outra. Todavia, o vetor mais amplamente difundido da *violência de gênero* caminha no sentido homem contra mulher, tendo a falocracia como caldo de cultura.

Não há maiores dificuldades em se compreender a violência familiar, ou seja, a que envolve membros de uma mesma família extensa ou nuclear, levando-se em conta a consanguinidade e a afinidade. Compreendida na *violência de gênero*, a *violência familiar* pode ocorrer no interior do domicílio ou fora dele, embora seja mais frequente o primeiro caso. A violência intrafamiliar extrapola os limites do domicílio. Um avô, cujo domicílio é separado do de seu(sua) neto(a), pode cometer violência, em nome da sagrada família, contra este(a) pequeno(a) parente(a). A violência doméstica apresenta pontos de sobreposição com a *familiar*. Atinge, porém, também pessoas que, não pertencendo à família, vivem, parcial ou integralmente, no domicílio do agressor, como é o caso de agregadas(os) e empregadas(os) domésticas(os). Estabelecido o domínio de um território, o chefe, via de regra um homem, passa a reinar quase incondicionalmente sobre seus demais ocupantes. O processo de territorialização do domínio não é puramente geográfico, mas também simbólico (Saffioti, 1997a). Assim, um elemento humano pertencente àquele território pode sofrer violência, ainda que não se encontre nele instalado. Uma mulher que, para fugir de maus-tratos, se muda da casa de seu marido pode ser perseguida por ele até a consumação do femicídio, feminilizando-se a palavra homicídio (Radford e Russell, 1992). Este fenômeno não é tão raro quanto o senso comum indica. A violência doméstica tem lugar, predominantemente, no interior do domicílio. Nada impede o homem, contudo, de esperar sua companheira à porta de seu trabalho e surrá-la exemplarmente, diante de todos os seus colegas, por se sentir ultrajado com sua atividade extralar, como pode ocorrer de a mulher queimar com ferro de passar a camisa preferida de seu companheiro, porque descobriu que ele tem uma amante ou tomou conhecimento de que a peça do vestuário foi presente "da outra". Poder-se-ia perguntar, neste momento, se a violência de gênero, em geral, ou a intrafamiliar ou, ainda, a doméstica especificamente são sempre recíprocas. Mesmo admitindo-se que pudesse ser sempre assim, o que não é o caso, a mulher levaria desvantagem. No plano da força física, resguardadas as diferenças individuais, a derrota feminina é previsível, o mesmo se passando no terreno sexual, em estreita vinculação com o poder dos músculos. É voz corrente que a mulher vence no campo verbal. Entretanto, entrevistas com mulheres vítimas de violência doméstica têm revelado que o homem é, muitas vezes, irremediavelmente ferino (Saffioti, inédito). Isto não significa que a mulher sofra passivamente as violências cometidas por seu parceiro. De uma forma ou de outra, sempre reage. Quando o faz violentamente, sua violência é reativa. Isto não impede que haja mulheres violentas. São, todavia, muito raras, dada a supremacia masculina e sua socialização para a docilidade.

O femicídio cometido por parceiro acontece, numerosas vezes, sem premeditação, diferentemente do homicídio nas mesmas circunstâncias, que exige planejamento. Este deriva de uma derrota presumível da mulher no confronto com o homem. No Brasil, não há pesquisas neste sentido. Na Inglaterra, as penas para as mulheres que cometem homicídios de seus maridos são maiores que as sentenciadas aos homens que perpetram femicídio de suas esposas, ou uxoricídios, exatamente em razão da premeditação, que constitui agravante penal. Não obstante os maus-tratos de que podem ter sido vítimas durante toda a vigência da sociedade conjugal, a punição é maior em virtude da menor força física da mulher, que exige o planejamento do homicídio, ou seja, sua premeditação.

Resta discutir uma questão sobre a qual tampouco há consenso. A violência praticada por pai e mãe contra a prole pode ser considerada violência de gênero, intrafamiliar e doméstica? Indubitavelmente, sua natureza é familiar. Para quem define a violência doméstica em termos do estabelecimento de um domínio sobre os seres humanos situados no território do patriarca considerado, não resta dúvida de que a hierarquia começa no chefe e termina no mais frágil dos seus filhos, provavelmente filhas. Cabe debater o papel da mulher que, tendo seus direitos humanos violados por seu companheiro, maltrata seus filhos. Apesar de que "as mulheres figuram em número importante dentre as vítimas de violência e em número reduzido dentre os autores de violência" (Collin, 1976), há muitas mulheres que maltratam seus filhos, elementos inferiores na hierarquia doméstica. Não apenas o homem, mas também a mulher está sujeita à síndrome do pequeno poder, sendo uma frequente autora de maus-tratos contra crianças. Como afirma Welzer-Lang (1991), a violência doméstica é masculina, sendo exercida pela mulher por delegação do chefe do grupo domiciliar. Como ela "é o primeiro modo de regulação das relações sociais entre os sexos" (Welzer-Lang, p. 23), é desde criança que se experimenta a dominação-exploração do patriarca, seja diretamente, seja usando a mulher adulta. A função de enquadramento (Bertaux, 1977) é desempenhada pelo chefe ou seus prepostos. A mulher, ou por síndrome do pequeno poder ou por delegação do macho, acaba exercendo, não raro, a tirania contra crianças, último elo da cadeia de assimetrias. Assim, o *gênero*, a família e o território domiciliar contêm hierarquias, nas quais os homens figuram como dominadores-exploradores e as crianças como os elementos mais dominados-explorados. Nos termos de Welzer--Lang, "a violência doméstica tem um gênero: o masculino, qualquer que seja o sexo físico do/da dominante" (p. 278). Desta sorte, a mulher é violenta no exercício da função patriarcal ou viriarcal. No grupo domiciliar e na família não impera necessariamente a harmonia, porquanto estão presentes, com frequência, a competição, a trapaça e a violência. Há, entretanto, uma ideologia de defesa da família, que chega a impedir a denúncia, por parte de mães, de abusos sexuais perpetrados por pais contra seus (suas) próprios(as) filhos(as), para não mencionar a tolerância, durante anos seguidos, de violências físicas e sexuais contra si mesmas. No que tange a abusos sexuais de crianças, a gramática portuguesa impõe o uso do masculino, embora internacionalmente seja de cerca de apenas 10% a proporção de meninos afetados por este fenômeno. Contudo, mesmo que se tratasse de um só garoto, valeria a pena lutar contra esta violência.

O significado da violência

No que concerne à precisão de conceitos, é importante que se aborde, ainda que ligeiramente, o significado da violência nas modalidades aqui focalizadas. É óbvio que a sociedade considera normal e natural que homens maltratem suas mulheres, assim como que pais e mães maltratem seus filhos, ratificando, deste modo, a pedagogia da violência. Trata-se da ordem social das bicadas (Saffioti, 1997a).

> (...) a criminalidade, a violência pública é uma violência masculina, isto é, um fenômeno sexuado. A disparidade muscular, eterno argumento da diferença, deve ser interpelada em diferentes níveis. (...) Nós confundimos frequentemente: força-potência-dominação e virilidade (Welzer-Lang, 1991, p. 59).

Efetivamente, a questão se situa na tolerância e até no incentivo da sociedade para que os homens exerçam sua força--potência-dominação contra as mulheres, em detrimento de uma virilidade doce e sensível, portanto mais adequada ao desfrute do prazer. O consentimento social para que os homens convertam sua agressividade em agressão não prejudica, por conseguinte, apenas as mulheres, mas também a eles próprios. A organização social de gênero, baseada na virilidade como força--potência-dominação, permite prever que há um desencontro amoroso marcado entre homens e mulheres.

As violências física, sexual, emocional e moral não ocorrem isoladamente. Qualquer que seja a forma assumida pela agressão, a violência emocional está sempre presente. Certamente, se pode afirmar o mesmo para a moral. O que se mostra de difícil utilização é o conceito de violência como ruptura de diferentes tipos de integridade: física, sexual, emocional, moral. Sobretudo em se tratando de violência de gênero, e mais especificamente intrafamiliar e doméstica, são muito tênues os limites entre quebra de integridade e obrigação de suportar o destino de gênero traçado para as mulheres: sujeição aos homens, sejam pais ou maridos. Desta maneira, cada mulher colocará o limite em um ponto distinto do *continuum* entre agressão e direito dos homens sobre as mulheres. Mais do que isto, a mera existência desta tenuidade representa violência. Com efeito, paira sobre a cabeça de todas as mulheres a ameaça de agressões masculinas, funcionando isto como mecanismo de sujeição aos homens, inscrito nas relações de gênero. Embora se trate de mecanismo de ordem social, cada mulher o interpretará singularmente. Isto posto, a ruptura de integridades como critério de avaliação de um ato como violento situa-se no terreno da individualidade. Isto equivale a dizer que a violência, entendida desta forma, não encontra lugar ontológico[1], como já se mencionou.

Fundamentalmente por esta razão, prefere-se trabalhar com o conceito de direitos humanos, entendendo-se por violência todo agenciamento capaz de violá-los. É bem verdade que isto exige uma releitura dos direitos humanos. Já desde a Revolução Francesa os direitos humanos foram pensados no masculino: Declaração Universal dos Direitos do Homem e do Cidadão. Por haver escrito a versão feminina dos direitos humanos (Declaração Universal dos Direitos da Mulher e da Cidadã), Olympe de Gouges foi sentenciada à morte na guilhotina, em 1792. Como o homem sempre foi tomado como

---

[1] Se não existe uma percepção unânime da violência, cada *socius* definindo-a como a sente, não se pode fazer ciência sobre a violência caracterizada como ruptura de integridades, uma vez que não há ciência do individual. Se as integridades e, por conseguinte, suas rupturas integrassem o ser social, fossem a ele inerentes, haveria uma mesma concepção destes fenômenos. Ao contrário, como se mostrou atrás, será possível construir uma sociedade igualitária, porque outras muitas deste gênero ocorreram no passado. A desigualdade, a violência, a intolerância não são inerentes ao ser social. Ao contrário, o são a identidade e a diferença. Estas sim têm, por via de consequência, lugar ontológico assegurado. Decompondo o vocábulo, *onto* = ser; lógico ou *logia* = estudo, ciência. Ontologia = estudo do ser.

o protótipo de humanidade (Facio, 1991), bastaria mencionar os direitos daquele para contemplar esta. Rigorosamente, é ainda muito incipiente a consideração dos direitos humanos como também femininos. Tudo, ou quase tudo, ainda é feito sob medida para o homem. Os equipamentos fabris estão neste caso, não obstante as mulheres terem penetrado nas fábricas desde a Revolução Industrial. Claro que a máquina de costura, inclusive a industrial, é feita para o corpo da mulher, a fim de mantê-la em suas funções tradicionais. Nos países em que bordar à máquina constitui tarefa masculina, como o Senegal, o equipamento é adaptado ao corpo masculino. Nem sequer se pensa na adequação de outras máquinas ao corpo feminino. Mulheres que passaram a trabalhar em equipamentos planejados para homens tiveram que a eles se adaptar, com prejuízo, muitas vezes, da própria saúde.

Entender que as diferenças pertencem ao reino da natureza, por mais transformada que esta tenha sido pelo ser humano, enquanto a igualdade nasceu no domínio do político, parece fora do horizonte de uma ideologia de gênero, que naturaliza atribuições sociais, baseando-se nas diferenças sexuais. O próprio tabu do incesto, fato fundante da vida em sociedade (Lévi-Strauss, 1976), é apresentado aos *socii* como se estivessse ancorado em razões de ordem biológica. A naturalização do feminino como pertencente a uma suposta fragilidade do corpo da mulher e a naturalização da masculinidade como estando inscrita no corpo forte do homem fazem parte das tecnologias de gênero (Lauretis, 1987), que normatizam condutas de mulheres e de homens. A rigor, todavia, os corpos são gendrados[2], recebem um *imprint* do

---

[2] O vocábulo gendrado, oriundo de *gender* (palavra inglesa para gênero), tem sido utilizado por feministas, na falta de um adjetivo correspondente ao substantivo gênero. Trata-se de um neologismo, incorporado do inglês (*gendered*) e ainda não dicionarizado. Pode-se falar em corpo gendrado para designar

gênero. Donde ser necessária uma especial releitura dos direitos humanos, de modo a contemplar as diferenças entre homens e mulheres, sem perder de vista a aspiração à igualdade social e a luta para a obtenção de sua completude (Facio, 1991). A consideração das diferenças só faz sentido no campo da igualdade. Neste sentido, o par da diferença é a identidade, enquanto o da igualdade é a desigualdade, sendo esta que se precisa eliminar.

Poder-se-ia argumentar que tampouco a compreensão dos direitos humanos é homogênea, pois varia segundo as classes sociais, segundo as raças/etnias, de acordo com os gêneros. No seio mesmo de cada uma destas categorias encontram-se distinções de entendimento. Grosso modo, entretanto, elas servem como balizas, evitando-se que se resvale para o individual. Por outro lado, há uma consciência avançada da situação, capaz de definir os direitos humanos no feminino, como, aliás, vem

---

não o corpo sexuado, mas o corpo formatado segundo as normas do ser mulher ou do ser homem. Estatisticamente, a socialização do bebê ancora-se no sexo, mas não é tão raro que famílias com cinco filhas, e desejando um filho, socializem a sexta filha como homem. Na literatura brasileira, pode ser lembrada a figura de Diadorim, nascida da imaginação de Guimarães Rosa, mas existente, por vezes, na realidade concreta da vida. George Sand não constitui um bom exemplo, mas lembra este fato. Em aldeias agrárias da ex-Iugoslávia, na ex-República de Montenegro, ocorria este fenômeno, embora não se possa dizer com que frequência, em decorrência da crença de que famílias sem nenhum filho, só com filhas, sofreriam desgraças em razão do mau tempo, das más colheitas, da fome, das doenças. Quem se interessar pelo assunto, pode assistir ao filme *Virgina*, disponível em grandes locadoras, que mostra dois casos reais numa mesma família extensa. Obviamente, não se tratava de escapar das adversidades, mas de enganar a comunidade, numa clara desmistificação da referida crença. Pode-se também dizer que o pai da filha socializada como filho fazia um pacto com São Jorge, padroeiro de Montenegro. A desmistificação reside no fato de: se a comunidade acreditasse que aquela criança era do sexo masculino, a família se livraria dos males, porque, afinal, se tratava apenas de uma crença, nada mais. Virgina era do sexo feminino, mas seu corpo era gendrado como masculino. Logo, a palavra sexuado não substitui gendrado.

sendo feito nos campos da saúde, da educação, da violência, no terreno jurídico etc. Os portadores desta consciência lutam por sua difusão, assim como pela concretização de uma cidadania ampliada, isto é, de direitos humanos também para pobres, negros, mulheres. O respeito ao outro constitui o ponto nuclear desta nova concepção da vida em sociedade. Como afirma Saramago, enquanto a religião exige que os seres humanos se amem uns aos outros, o que depende de convivência, uma vez que nem mesmo o amor materno é instintivo (Badinter, 1980), a compreensão dos direitos humanos impõe que cada um *respeite* os demais. Amar o outro não constitui uma obrigação, mesmo porque o amor não nasce da imposição. Respeitar o outro, sim, constitui um dever do cidadão, seja este outro mulher, negro, pobre. Ademais, o gênero, a raça/etnicidade e as classes sociais constituem eixos estruturantes da sociedade. Estas contradições, tomadas isoladamente, apresentam características distintas daquelas que se pode detectar no nó que formaram ao longo da história (Saffioti, 1997b). Este contém uma condensação, uma exacerbação, uma potenciação de contradições. Como tal, merece e exige tratamento específico, mesmo porque é no nó que atuam, de forma imbricada, cada uma das contradições mencionadas. Além disto, esta concepção é extremamente importante para se entender o sujeito múltiplo (Lauretis, 1987) e a motilidade entre suas facetas. Efetivamente, o sujeito, constituído em gênero, classe e raça/etnia, não apresenta homogeneidade. Dependendo das condições históricas vivenciadas, uma destas faces estará proeminente, enquanto as demais, ainda que vivas, colocam-se à sombra da primeira. Em outras circunstâncias, será uma outra faceta a tornar-se dominante. Esta mobilidade do sujeito múltiplo acompanha a instabilidade dos processos sociais, sempre em ebulição.

Pontos de referência

Em face deste quadro teórico de referência, exposto ainda que sumariamente, pode-se ressaltar certos pontos, fruto de reflexão embasada em dados empíricos.

1. A violência doméstica ocorre numa relação afetiva, cuja ruptura demanda, via de regra, intervenção externa. Raramente uma mulher consegue desvincular-se de um homem violento sem auxílio externo. Até que este ocorra, descreve uma trajetória oscilante, com movimentos de saída da relação e de retorno a ela. Este é o chamado ciclo da violência, cuja utilidade é meramente descritiva. Mesmo quando permanecem na relação por décadas, as mulheres reagem à violência, variando muito as estratégias. A compreensão deste fenômeno é importante, porquanto há quem as considere não sujeitos e, por via de consequência, passivas (Chaui, 1985; Gregori, 1989). Mulheres em geral, e especialmente quando são vítimas de violência, recebem tratamento de não sujeitos. Isto, todavia, é diferente de ser não sujeito, o que, no contexto deste livro, constitui uma *contradictio in subjecto* (contradição nos termos). Como afirma Linda Gordon:

> (...) tem sido necessário mostrar que a *violência familiar* não é a expressão unilateral do temperamento violento de uma pessoa, mas é tramada conjuntamente – embora não igualmente – por vários indivíduos no caldeirão da família. Não há objetos, apenas sujeitos... (1989, p. 291).

Isto não significa que as mulheres sejam cúmplices de seus agressores, como defendem Chaui e Gregori. Para que pudessem ser cúmplices, dar seu consentimento às agressões masculinas, precisariam desfrutar de igual poder que os homens. Sendo detentoras de parcelas infinitamente menores de poder que os homens, as mulheres só podem ceder, não consentir (Mathieu, 1985). Trata-se de caso similar à relação patrão-empregado. Este último não consente com as condições do contrato, tampouco com o salário, mas cede, pois quase sempre é abundante a oferta de força de trabalho e escassa a oferta de postos de trabalho, particularmente neste momento histórico.

2. As mulheres lidam, via de regra, muito bem com micropoderes. Não detêm *savoir faire* no terreno dos macropoderes, em virtude de, historicamente, terem sido deles alijadas. Mais do que isto, não conhecem sua história e a história de suas lutas, acreditando-se incapazes de se mover no seio da macropolítica (Lerner, 1986). Entretanto, quando se apercebem de que há uma profunda inter-relação entre a micropolítica e a macropolítica, elas podem penetrar nesta última com grande grau de sucesso. Na verdade, trata-se de processos micro e processos macro, atravessando a malha social. Não há um plano macro e um plano micro, como creem certos intelectuais (Guattari, 1981; Guattari e Rolnik, 1986). Evidentemente, há uma malha grossa e uma malha fina, uma sendo o avesso da outra, e não níveis diferentes. A rigor, poder-se-ia dizer que os processos sociais apresentam duas faces: uma micro e outra macro, sobressaindo-se uma ou outra, dependendo das circunstâncias. Transmitindo as palavras plano e nível à ideia de hierarquia, as pessoas põem logo o macro acima do micro. Esta nova terminologia pretende evitar esta hierarquização, além de mostrar o emaranhado destes processos. E as mulheres sabem como tecer a malha social, operando em processos macro e em processos micro. Converter a consciência dominada das mulheres (Mathieu, 1985) em detentoras deste conhecimento, certamente, aumentaria seu número na política institucional e em outras instâncias de *decision making*.

3. Violência de gênero, inclusive em suas modalidades familiar e doméstica, não ocorre aleatoriamente, mas deriva de uma organização social de gênero, que privilegia o masculino. Diferentemente da taxionomia que divide os diferentes tipos de espaço-tempo em doméstico, da produção e da cidadania (Santos, 1995), propõe-se, aqui, uma nova maneira de se conceberem

estes fenômenos. O espaço-tempo doméstico será substituído pelo espaço-tempo do domicílio. Este se subdivide em espaço-tempo doméstico, espaço-tempo do trabalho resultante da produção antroponômica (Bertaux, 1977), eminentemente, para não dizer exclusivamente, feminino, e espaço-tempo privado, do ócio, da intimidade, quase totalmente restrito aos homens. Quantas são as mulheres com privacidade, se a sociedade inteira considera dever da mulher cumprir o que no Código Civil de 1917, recém-reformado, era chamado de débito conjugal (felizmente abolido no novo Código Civil), ou seja, ceder a uma relação sexual contra sua vontade, a fim de satisfazer o desejo do companheiro? De que privacidade se pode falar se milhões de mulheres são literalmente estupradas no seio do casamento todos os dias, duas vezes por semana etc.? O espaço-tempo da produção é muito restrito. Propõe-se sua substituição por espaço-tempo público. Finalmente, o espaço-tempo da cidadania não pode ser concebido separadamente como se a cidadania só pudesse ser exercida na arena da política institucional. Deve, ao contrário, penetrar os demais espaços-tempos para que, de fato, o ser humano possa desfrutar de sua condição de cidadão em todas as suas relações sociais. Pelo menos é esta a luta da perspectiva feminista, que busca ser o mais holística possível.

4. Não há duas esferas: uma das relações interpessoais (*relations sociales*) e outra das relações estruturais (*rapports sociaux*), como querem certas feministas francesas e algumas brasileiras. Não existe a classe social como entidade abstrata. Uma classe social negocia com outra por meio de seus representantes, que tampouco são entidades abstratas, mas pessoas. Todas as relações humanas são interpessoais, na medida em que são agenciadas por pessoas, cada qual com sua história singular de contatos sociais. Por mais que desejem desvincular-se desta história para representar sua classe, seu passado e sua singularidade pesam

tanto que se chamam alguns de bons negociadores e outros de maus negociadores. O mesmo se passa com as categorias negros e brancos. Afirmar que as relações de gênero são relações interpessoais significa singularizar os casais, perdendo de vista a estrutura social e tornando cada homem inimigo das mulheres (Delphy, 1998). Nesta concepção, o encontro amoroso seria impossível. E ele é possível, apesar de os destinos de gênero – traçados pelas estruturas de poder – apresentarem muita força. Em outros termos, nunca é demais realçar, o gênero é também estruturante da sociedade, do mesmo modo que a classe social e a raça/etnia. Percorrendo a literatura sobre violência contra crianças e adolescentes no Brasil, verificou-se que só as classes sociais eram tomadas como categoria histórica fundante, passando-se ao largo da raça/etnia e do gênero. Ora, são palpáveis as diferenças entre as formas de violência que atingem brancos e negros, assim como meninos e meninas (Saffioti, 1997b). O privilegiamento da classe social obscurece as demais clivagens existentes na sociedade.

5. Também obscurece a compreensão do fenômeno da violência de gênero o raciocínio que patologiza os agressores. Internacionalmente falando, apenas 2% dos agressores sexuais, por exemplo, são doentes mentais, havendo outro tanto com passagem pela psiquiatria. Ainda que estes também sejam considerados doentes mentais, para fazer uma concessão, perfazem, no total, 4%, o que é irrisório. O mecanismo da patologização ignora as hierarquias e as contradições sociais, funcionando de forma semelhante à culpabilização dos pobres pelo espantoso nível de violência de diversos tipos. Imputar aos pobres uma cultura violenta significa pré-conceito e não conceito. A violência de gênero, especialmente em suas modalidades doméstica e familiar, ignora fronteiras de classes sociais, de grau de industrialização, de renda *per capita*, de distintos tipos de

cultura (ocidental *x* oriental) etc. Aliás, é mais fácil entender relações incestuosas quando, às vezes, nem mesmo um cobertor separa os corpos do que nas residências em que cada um tem seu próprio dormitório. Esta questão da pobreza relacionada à violência não tem sido posta em termos adequados. Pode-se interrogar a realidade, a fim de se tentar descobrir se as condições materiais que caracterizam a pobreza têm um peso significativo na produção da violência. Como desencadeadoras da violência, acredita-se que tenham uma função, como, aliás, tem o álcool. É necessário testar se o ser humano se habitua às circunstâncias da miséria ou se elas lhe causam estresse. Se confirmada esta última hipótese, os pobres seriam agentes de mais violências que os ricos, não por possuírem uma cultura da violência, mas por vivenciarem, mais amiúde, situações de estresse. Ainda que esta mudança de ângulo de observação tenha um peso extraordinário, convém sublinhar que há formas de violência só possíveis entre os ricos. Haja vista o uso do patrimônio, que homens fazem para subjugar suas mulheres. A ameaça permanente de empobrecimento induz muitas mulheres a suportar humilhações e outras formas de violência. Cabe, agora, a pergunta: o poder do homem rico, no uso do patrimônio como mecanismo de sujeição e/ou intimidação da mulher para fazer valer sua vontade, não compensa a eventual maior violência perpetrada pelo homem pobre, vivendo em condições materiais precárias? Cabe interrogar a realidade, a fim de se poder tomar posição a respeito desta questão.

6. Como a maior parte da violência de gênero tem lugar em relações afetivas – família extensa e unidade doméstica – acredita-se ser útil o conceito de codependência.

> Uma pessoa codependente é alguém que, para manter uma sensação de segurança ontológica, requer outro indivíduo, ou um conjunto de indivíduos, para definir as suas carências; ela ou ele não pode sentir

autoconfiança sem estar dedicado às necessidades dos outros. Um relacionamento codependente é aquele em que um indivíduo está ligado psicologicamente a um parceiro, cujas atividades são dirigidas por algum tipo de compulsividade [sic]. Chamarei de relacionamento *fixado* aquele em que o próprio relacionamento é objeto do vício (Giddens, 1992, p. 101-102).

Sem dúvida, mulheres que suportam violência de seus companheiros, durante anos a fio, são codependentes da compulsão do macho e o relacionamento de ambos é fixado, na medida em que se torna necessário. Neste sentido, é a própria violência, inseparável da relação, que é necessária. É verdade, por outro lado, que há mulheres resilientes (Kotliarenco, Cáceres, Fontecilla, 1997), que não se deixam abater por condições adversas.

7. O poder apresenta duas faces: a da potência e a da impotência. As mulheres são socializadas para conviver com a impotência; os homens – sempre vinculados à força – são preparados para o exercício do poder. Convivem mal com a impotência. Acredita-se ser no momento da vivência da impotência que os homens praticam atos violentos, estabelecendo relações deste tipo (Saffioti e Almeida, 1995). Há numerosas evidências nesta direção. Por esta razão, formula-se a hipótese, baseada em dados parciais, de que a violência doméstica aumenta em função do desemprego. Todos os estudiosos de violência urbana sabem o quão difícil, se não impossível, é descobrir associações entre este fenômeno, de um lado, e desigualdade, pauperização, desemprego, de outro. A violência doméstica constitui um caso especial. O papel de provedor das necessidades materiais da família é, sem dúvida, o mais definidor da masculinidade. Perdido este *status*, o homem se sente atingido em sua própria virilidade, assistindo à subversão da hierarquia doméstica. Talvez seja esta sua mais importante experiência de impotência. A impotência sexual, muitas vezes, constitui apenas um pormenor deste

profundo sentimento de impotência, que destrona o homem de sua posição mais importante.

Violência doméstica

A violência doméstica apresenta características específicas. Uma das mais relevantes é sua rotinização (Saffioti, 1997c), o que contribui, tremendamente, para a codependência e o estabelecimento da relação fixada. Rigorosamente, a relação violenta se constitui em verdadeira prisão. Neste sentido, o próprio *gênero* acaba por se revelar uma camisa de força: o homem deve agredir, porque o macho deve dominar a qualquer custo; e a mulher deve suportar agressões de toda ordem, porque seu "destino" assim o determina.

Não se pode negar a importância da chamada violência urbana, que atinge homens e mulheres, embora de modos distintos. De acordo com as estatísticas de mortalidade (Mortalidade Brasil, 1997), havia diferenças gigantescas entre homens e mulheres no que tange aos óbitos por causas externas, que incluem homicídio. No total, em 1994, morreram, por causas externas, quase cinco vezes mais homens que mulheres. Na faixa etária de 15 a 19 anos, as mulheres mortas desta maneira representaram apenas 20% dos homens. Entre 20 e 29 anos, morreram 7,7 vezes mais homens que mulheres por causas externas, atingindo esta proporção 6,9 vezes na faixa etária de 30 a 39 anos. O espaço público é ainda muito masculino, estando os homens mais sujeitos a atropelamentos, passando por acidentes de trânsito e chegando até ao homicídio. As mulheres ainda têm uma vida mais reclusa, estando infinitamente mais expostas à violência doméstica. Diferentemente da violência urbana, a doméstica incide sempre sobre as mesmas vítimas, tornando-se habitual.

O país carece de estudos nesta área. Realizou-se o mapeamento deste fenômeno em quase todas as capitais de Estados, no Distrito Federal e em 20 cidades do interior do Estado de São Paulo (Saffioti, inédito). Esta pesquisa, que contou com o apoio do Fundo de Desenvolvimento das Nações Unidas para a Mulher (Unifem), do Fundo das Nações Unidas para a Infância (Unicef), da Organização Pan-Americana de Saúde (Opas), da Fundação Ford, da Fundação MacArthur, da Fundação de Amparo à Pesquisa do Estado de São Paulo (Fapesp) e do Conselho Nacional de Desenvolvimento Científico e Tecnológico (CNPq), desenvolveu-se durante muitos anos, enfrentando toda sorte de dificuldades. É extremamente difícil coordenar uma investigação deste porte num país como o Brasil, no qual a consciência profissional é precária, mas se espera que, dentro em breve, se tenha um relatório contendo todos os dados. Por ora, conta-se com dados parciais, uma vez que não houve tempo para informatizar todos os coligidos. Em parte, a morosidade resulta do caráter artesanal da pesquisa. Não se trata de um *survey* da população, que seria ideal, mas de um estudo bastante exaustivo da violência denunciada. Foram examinados todos os boletins de ocorrência (BO) lavrados nas Delegacias de Defesa da Mulher (DDM), todos os BOs de 10% dos distritos policiais (DP) e todos os BOs de delegacias de homicídios, quando existem, anotando-se manualmente (à falta de *laptops*) os dados do agressor e da vítima, informações estas que, posteriormente, foram introduzidas no computador. Logo, realizou-se o mesmo trabalho duas vezes. Acompanhou-se o BO, que podia ter sido arquivado ou convertido em inquérito policial (IP). Neste primeiro passo, já existia um grande funil. Outro gargalo existia entre o IP e o processo criminal. A maioria dos IPs era arquivada ou por falta de provas ou por falta de vontade de prosseguir. Como já se ouviu de um procurador, respondendo a uma pergunta do porquê de a justiça ser lenta: "Os juízes perdem muito tempo cuidando da surra que o sr. José deu na dona Maria e, enquanto isto, os problemas importantes se avolumam, retardando as decisões" (citação de memória). Não é apenas este procurador que tem este entendimento. Na verdade, ele apenas reflete a complacência que a sociedade tem para com a violência doméstica. E, entretanto, ela talvez seja o fenômeno mais "democrático": quase todas as mulheres recebem seu quinhão. Poucos são, então, os IPs transformados em processos-crime. Destes, muito poucos terminam em condenação. Dados parciais de 1988 revelam que a proporção de réus condenados era de 11%, tendo crescido para 12,5%, em 1992, para LCD; 7% para estupro e abuso sexual, nos dois momentos; tendo aumentado de 5% para 7%, para o crime de ameaça, muitas vezes de morte, que acaba se consumando.

A solução não consiste em agravamento de pena, mas na certeza da punição. De 1988 para 1992, anos escolhidos para a investigação, com a difusão de DDMs, houve uma mudança significativa nos tipos de crimes cometidos: LCD, que representava cerca de 85% da violência doméstica, caiu para 68%. Em compensação, o crime de ameaça aumentou de 4% para 21% no intervalo mencionado. Na maioria das vezes, quando a mulher procurava uma DDM, na verdade, esperava que a delegada desse uma "prensa" em seu marido agressor, a fim de que a relação pudesse se estabelecer em novas bases (leia-se harmoniosas). A ambiguidade da conduta feminina é muito grande e compreende-se o porquê disto. Em primeiro lugar, trata-se de uma relação afetiva, com múltiplas dependências recíprocas. Em segundo lugar, raras são as mulheres que constroem sua própria independência ou que pertencem a grupos dominantes. Seguramente, o gênero feminino não constitui uma categoria social dominante. Independência é diferente de autonomia. As pessoas, sobretudo vinculadas por laços afetivos, dependem umas das outras. Não há, pois, para ninguém, total independência.

Grupos dominantes são geralmente autônomos no sentido de que não são responsáveis por aqueles que lhes estão abaixo e não têm que pedir permissão para fazer o que desejam. Entretanto, isto não torna os grupos dominantes *independentes,* (...) porém, eles têm a vantagem de ter muito mais controle sobre o modo como a realidade é definida e podem usar isto para mascarar os acontecimentos (Johnson, 1997, p. 147).

Em terceiro lugar, na maioria das vezes, o homem é o único provedor do grupo domiciliar. Uma vez preso, deixa de sê-lo, configurando-se um problema sem solução, quando a mulher tem muitos filhos pequenos, ficando impedida de trabalhar fora. Entre outras muitas razões, cabe mencionar, em quarto lugar, a pressão que fazem a família extensa, os amigos, a Igreja etc., no sentido da preservação da sagrada família. Importa menos o que se passa em seu seio do que sua preservação como instituição. Há, pois, razões suficientes para justificar a ambiguidade da mulher, que num dia apresentava a queixa e, no seguinte, solicitava sua retirada. Isto para não mencionar as ameaças de novas agressões e até de morte que as mulheres recebiam de companheiros violentos. Embora nunca haja existido a figura da retirada da queixa no ordenamento jurídico da nação, ela era engavetada. Logo que se instalou a primeira DDM brasileira, em São Paulo, em agosto de 1985, a delegada Rosmary Corrêa, conhecida como delegada Rose, atualmente deputada estadual, no segundo ou terceiro mandato, tentou abolir este procedimento, considerado masculino, querendo isto dizer que prosseguir com o processo era secundário para os homens.

BOs referentes a crimes frequentes contra mulheres, mas que não se configuravam como violência doméstica, eram, não propriamente anotados, mas tabulados num formulário especial, a fim de que se pudesse calcular quanto, por exemplo, os estupros domésticos representavam do montante numérico total deste crime. Assim, embora o fulcro da pesquisa tenha sido violência doméstica, a não doméstica também era computada para efeito de comparação, evitando-se, assim, que a primeira viesse a constituir um universo fechado.

Os processos criminais foram acompanhados em fóruns, anotando-se os fatos principais da ocorrência, assim como depoimentos e provas materiais, como laudos do Instituto Médico Legal (IML), armas etc., chegando-se à sentença prolatada por juiz singular ou à decisão do Tribunal do Júri, em casos de crimes contra a vida. Esta fase da investigação ficou prejudicada em alguns Estados, em que não se conseguiu permissão para examinar processos-crime. Outros organismos de denúncia – SOS Criança, conselhos tutelares – foram procurados, na tentativa de se detectar a mãe agressora, que raramente aparece em registros de delegacias de polícia. A pesquisa envolveu, ainda, entrevistas com vítimas de violência doméstica que apresentaram queixas em DDMs, assim como com policiais destas delegacias especializadas. O objetivo destas entrevistas consistia, de uma parte, em aprofundar o conhecimento qualitativo sobre a violência doméstica e, de outra, avaliar os serviços prestados pelas DDMs.

Delegacias de defesa da mulher

A ideia de criação de delegacias especializadas no atendimento à mulher apresenta, inegavelmente, originalidade e intenção de propiciar às vítimas de violência de gênero em geral e, em especial, da modalidade sob enfoque, um tratamento diferenciado, exigindo, por esta razão, que as policiais conhecessem a área das relações de gênero. Sem isto, é impossível compreender a ambiguidade feminina. Todavia, os poderes públicos não implementaram a ideia original. Em São Paulo, só em 1998, houve um curso[3] sobre violência de gênero, com duração de 40

---

[3] Na época, existiam cerca de 126 DDMs no Estado de São Paulo. As do interior foram trazidas e hospedadas com recursos do erário público. Eu havia

horas, ministrado às então 126 delegadas de DDMs do Estado. Embora haja demanda por mais cursos, o segundo ainda não se realizou. Não se trata de afirmar que as delegadas são incompetentes. Como policiais, devem ser todas muito capazes. O problema reside no conhecimento das relações de gênero, que não é detido por nenhuma categoria ocupacional. Profissionais da saúde, da educação, da magistratura, do Ministério Público etc., necessitam igualmente, e com urgência, desta qualificação. Ademais, há que se formular diretrizes a serem seguidas por todas as DDMs, a fim de se assegurar um tratamento de boa qualidade e homogêneo a todas as vítimas de violência que buscam este serviço. Talvez a primeira escuta não deva ser realizada na DDM e por policiais. Uma assistente social ou uma psicóloga poderia, em local separado, mas próximo da DDM, fazer a triagem dos casos e dar a suas protagonistas o

---

ministrado, com a colaboração de S. S. de Almeida, um curso para comandantes e subcomandantes da Polícia Militar (PM) do Rio de Janeiro e, portanto, tinha o programa que elaborei e, posteriormente, desenvolvi em sala de aula. O curso foi ministrado graciosamente, na tentativa de que se rotinizasse. Nilo Batista era vice-governador do Rio de Janeiro, quando apresentei a proposta, e ele teve muita sensibilidade, aderindo à ideia. Quando o curso foi ministrado, ele era governador. Como eu havia tido esta experiência, a delegada dra. Maria Inês Valente, coordenadora de todas as DDMs do Estado, trabalhou, juntamente com Maria Aparecida de Laia, presidente do Conselho Estadual da Condição Feminina, junto ao governo para obter a verba necessária para transportar, hospedar e alimentar as delegadas do interior. Também conseguiram numerário para fotocopiar artigos, capítulos de livros e trabalhos da autoria das professoras sobre o assunto, material este distribuído às delegadas. Numa reunião com a presença de dra. M. I. Valente, S. Pimentel, M. Ap. de Laia, deliberamos ampliar o curso, incorporando direitos humanos, a cargo de Sílvia Pimentel e suas colaboradoras; comunicação, sob responsabilidade de Fátima Pacheco Jordão; sociologia, a mim atribuída; e uma abordagem psicológica da questão, sob encargo da psicóloga Malvina Muszkat. Por serem muitas, as delegadas foram divididas em dois grupos e cada um deles teve o mesmo curso semanal. Em certas oportunidades, encontro-me com algumas ex-alunas destes grupos, sempre prontas a reivindicar outros cursos.

encaminhamento correto: serviço jurídico, de apoio psicológico, policial etc. Por enquanto, a orientação das DDMs depende das boas ou más intuições de suas delegadas, estando muito longe de ser uniforme. As DDMs constituem apenas uma medida isolada, sendo de pequena eficácia sem o apoio de uma rede de serviços. Embora a figura da retirada da queixa não existisse, de que outra maneira poderia se conduzir uma delegada, quando a mulher voltava à DDM com esta demanda por estar sendo ameaçada de morte por seu companheiro, senão "esquecendo" a *notitia criminis*, em virtude da ausência de albergues apropriados para acolher esta mulher? Atualmente, há cerca de 80 abrigos para vítimas de violência em todo o país, o que é, no mínimo, ridículo. Uma verdadeira política de combate à *violência doméstica* exige que se opere em rede, englobando a colaboração de diferentes áreas: polícia, magistratura, Ministério Público, defensoria pública, hospitais e profissionais da saúde, inclusive da área *psi*, da educação, do serviço social etc. e grande número de abrigos muito bem geridos. Cabe ressaltar, uma vez mais, a necessidade urgente de qualificação destes profissionais em relações de gênero com realce especial da violência doméstica. Exatamente em razão do esvaziamento, em termos de funções, das DDMs, cabe operacionalizar uma rede de serviços, com todos os seus profissionais qualificados no assunto relações de gênero.

Os anos escolhidos para comparação – 1988 e 1992 – são anteriores à lei 9.099, que entrou em vigor no final de 1995 e criou os Juizados Especiais, nas áreas cível e criminal. Esta nova legislação alterou o rito processual, para os crimes apenados com até um ano (a lei pode abranger crimes apenados com mais de um ano de privação da liberdade, mas, no que concerne à violência doméstica, são os apenados com até um ano que interessam), com extinção da figura do réu, da perda da primariedade, dependendo das circunstâncias, das penas de privação de liberdade, substituídas por penas alternativas, em benefício da oralidade, da agilidade, da conciliação. Provavelmente, funciona bem para dirimir querelas entre vizinhos, mas tem se revelado uma lástima na resolução de conflitos domésticos, na opinião da maioria das delegadas de DDMs e outros profissionais do ramo. Da pesquisa terminada recentemente (Saffioti, 2003), pode-se concluir a urgência urgentíssima de, no mínimo, reformar a lei 9.099, mas seria muito mais interessante legislar especificamente sobre a violência doméstica. Alguns países latino-americanos têm feito isso, entre eles o Equador. No Brasil, a multa irrisória tem sido uma pena alternativa muito utilizada, ficando os homens legalmente autorizados a voltar a agredir suas companheiras. Paga a multa e sem perda da primariedade – é verdade que dependendo do comportamento do acusado –, os homens sentem-se livres para continuar sua "carreira" de violências. Há casos de mulheres que apresentaram queixas a DDMs, tendo sido elaborados os termos circunstanciados (TC), que substituíram os boletins de ocorrência em crimes de menor potencial ofensivo, por três e até sete vezes. Seus companheiros não apenas voltaram a praticar toda espécie de violência, especialmente a LCD, contra elas, como assassinaram algumas. Audiências são realizadas, muitas vezes, nos corredores dos fóruns, por mesárias, sem a presença de juiz nem de promotor. De acordo com a lei referida, o juiz é obrigado a nomear um advogado gratuito para as vítimas que não constituíram o seu particular, caso de praticamente todas, já que são as pobres que recorrem ao JECrim (só há um em São Paulo, mas todas as varas criminais de todos os fóruns são obrigadas a obedecer à lei, de caráter nacional, porque federal). Foram muitas as audiências assistidas e nunca se viu uma vítima entrar com seu advogado, nem dispor de um nomeado pelo juiz.

A lei já não serve para tratar de violência doméstica, mas pior ainda é sua implementação. Por ter visto bem de perto como as coisas funcionam, pode-se repetir que a Lei 9.099/95 legalizou a violência contra a mulher, em especial a violência doméstica. Na família, na escola e em outras instituições ensinam-se as crianças a não aceitar convites, doces e outros presentes de estranhos. Raramente uma mulher, seja criança, adolescente, adulta ou idosa, sofre violência por parte de estranhos. Os agressores são ou amigos ou conhecidos ou, ainda, membros da família. Isto é muito claro em casos de abuso sexual, crime no qual predominam parentes. Na violência de gênero, teoricamente podendo ter como agressor tanto o homem quanto a mulher, na prática a prevalência é, com uma predominância esmagadora, de homens, parentes, amigos, conhecidos, raramente estranhos. Os tipos mais difundidos de violência contra a mulher são de violência doméstica e de violência intrafamiliar. É, pois, prudente manter o olhar em direção aos que habitam o mesmo domicílio, a fim de não se dormir com o inimigo.

Nos anos escolhidos para a investigação sobre violência doméstica, a legislação então vigente previa penas de privação da liberdade mesmo para crimes de baixo potencial ofensivo, mas raramente um homem era detido a primeira vez que espancava sua mulher. Mesmo na reincidência, a impunidade grassava solta. Os baixos índices de condenação ilustram grosseiramente este fenômeno. A rigor, não bastava ser condenado, mas seria necessário cumprir a pena. Ora, o que ocorria em muitos casos era a evasão do sentenciado, havendo milhares de mandados de prisão sem cumprimento. A situação anterior à Lei 9.099, portanto, não era adequada ao combate da violência doméstica. Todavia, a nova legislação tornou-a ainda pior, na opinião da maioria de profissionais desta área e desta pesquisadora. Como já se revelou, os operadores do Direito, inclusive o advogado do povo (promotor), implementam-na com tal desprezo pelas vítimas, com tanto sexismo, que conseguem torná-la bem pior. Eis porque tais profissionais carecem de qualificação em relações de gênero. É verdade que há nela pontos positivos. O crime de LCD, anteriormente de ação pública incondicionada, hoje exige representação da vítima. Este pode ser considerado um elemento de tratamento da vítima pelo menos como pessoa adulta, responsável por seus atos. Entretanto, não se oferecem às mulheres os serviços de apoio de que elas necessitam, nem se implementam políticas de empoderamento[4] desta parcela da população. E sem isto a lei é não apenas injusta para com as vítimas de violência doméstica, como também altamente ineficaz mesmo em seus aspectos positivos. Seus efeitos revelam a pouca importância que a sociedade atribui a um fenômeno com consequências muito negativas para a saúde orgânica e psíquica das mulheres, para a educação das novas gerações e, na medida em que milhares de horas de trabalho deixam de ser preenchidas todos os anos, para o próprio desenvolvimento da nação. O patriarcado ou ordem patriarcal de gênero é demasiadamente forte, atravessando todas as instituições, como já se afirmou. Isto posto, por que a Justiça não seria sexista? Por que ela deixaria de proteger o *status quo*, se aos operadores homens do Direito isto seria

---

[4] Empoderamento é tradução literal do inglês *empowerment*. Significa atribuir poder às mulheres, elevando, por exemplo, sua autoestima. Também se empoderam mulheres por meio de ações afirmativas estatais. Com a Lei 9.099/95, entretanto, operou-se de modo inteiramente oposto ao empoderamento. As mulheres vítimas de violência doméstica passaram a ser sinônimos de cesta básica. Os juízes, em geral dotados de um sexismo exacerbado, mas sem imaginação, adoram sentenciar os acusados com: o pagamento de uma multa, geralmente de 60 reais, ou a entrega de uma cesta básica a uma instituição de caridade. Ainda dentro do fórum, o acusado diz à vítima que ela passará a fazer quatro faxinas por semana em vez de duas, porque ele terá de comprar duas cestas básicas, já que lhe dará duas surras em lugar de uma.

trabalhar contra seus próprios privilégios? E por que as juízas, promotoras, advogadas, mesárias são machistas? Quase todos o são, homens e mulheres, porque ambas as categorias de sexo respiram, comem, bebem, dormem etc., nesta ordem patriarcal de gênero, exatamente a subordinação devida ao homem. Se todos são socializados para ser machistas, não poderá esta sociedade mudar, caminhando para a democracia plena? Este processo é lento e gradual e consiste na luta feminista. Trocar homens por mulheres no comando daria, com toda certeza, numa outra hierarquia, mas sempre uma hierarquia geradora de desigualdades. As feministas não deixam de ser femininas, nem são mal amadas, feias e invejosas do poder masculino. São seres humanos sem consciência dominada, que lutam sem cessar pela igualdade social entre homens e mulheres, entre brancos e negros, entre ricos e pobres. Aprofundar-se-á a análise deste assunto no próximo capítulo.

"NÃO HÁ REVOLUÇÃO SEM TEORIA"
(frase de Lenin)

Na década de 1970, mas também nos fins da anterior, várias feministas, especialmente as conhecidas como radicais, prestaram grande serviço aos então chamados estudos sobre mulher, utilizando um conceito de patriarcado cuja significação raramente mantinha qualquer relação com o *constructo mental* weberiano. Rigorosamente, muitas delas nem conheciam Weber, exceto de segunda mão, sendo sua intenção bastante política, ou seja, a de denunciar a dominação masculina e analisar as relações homem-mulher delas resultantes. Não se mencionava a exploração que, na opinião da autora deste livro, constitui uma das faces de um mesmo processo: dominação-exploração ou exploração-dominação. Quando consta apenas o termo dominação, suspeita-se de que a visão da sociedade seja tripartite – política, econômica e social –, isto é, de filiação weberiana. Por este lado, é possível, sim, estabelecer um nexo entre esta vertente do pensamento feminista e Weber. Muito mais recentemente, feministas francesas cometeram o mesmo erro (Combes e Haicault, 1984), situando a dominação no campo político e a exploração no terreno econômico. A hierarquia entre homens e mulheres, com prejuízo para as últimas, era, então, trazida ao debate, fazendo face à abordagem funcionalista, que, embora enxergasse as discriminações perpetradas contra as mulheres, situava seus papéis domésticos e públicos no mesmo patamar, atribuindo-lhes igual potencial explicativo. Estudos sobre família[1], notadamente os de Talcott Parsons (1965), cuja leitura de Weber foi realizada com categorias analíticas funcionalistas, apresentavam este traço, assim como pesquisas incidindo diretamente sobre mulheres. Neste último caso, estavam, entre outros, Chombart de Lauwe (1964) e demais pesquisadores que colaboraram em sua antologia.

Não foram tão somente feministas radicais que contestaram esta abordagem homogeneizadora dos papéis sociais femininos. Juliet Mitchell, já em 1966, publicava artigo, ancorada em uma leitura althusseriana de Marx, atribuindo distintos relevos às diferentes funções das mulheres. Embora, *mutatis mutandis*[2], reafirmasse velha tese deste pensador, contestava o que, em seu entendimento, era representado pelo privilégio desfrutado pela produção *stricto sensu*, e mesmo *lato sensu*, no pensamento marxista. Considerava imprescindível, para a liberação das mulheres, uma profunda mudança de todas as estruturas das quais elas participam, e uma "*unité de rupture*" (p. 30), ou seja, a descoberta, pelo movimento revolucionário, do elo mais fraco na combinação.

As estruturas por ela discriminadas – produção, reprodução, socialização e sexualidade –, contrariamente ao procedimento

---

[1] Uma coletânea apresentando numerosas abordagens foi organizada por Arlene S. Skolnick e Jerome H. Skolnick. (1971) *Family in transition – rethinking marriage, sexuality, child rearing, and family organization*. USA/Canadá: Little, Brown & Company Limited.

[2] O primeiro a afirmar que o desenvolvimento de uma sociedade se mede pela condição da mulher foi o socialista utópico Charles Fourier, encampado posteriormente por Marx e, sobretudo, por Engels.

homogeneizador, são percebidas como apresentando um desenvolvimento desigual, cuja importância é ressaltada, inclusive para a estratégia de luta. Mitchell estabeleceu instigantes interlocuções com a Psicanálise e com distintas correntes do pensamento marxista. O primeiro diálogo continua muito vivo até hoje, tendo dado alguns frutos interessantes tanto para a Psicanálise quanto para outras ciências que se debruçam sobre a questão de gênero. Não se pode afirmar o mesmo com relação à interlocução estabelecida com o pensamento marxista. Na década de 1970, Hartmann (1979a) publicou artigo em que considerou os conceitos marxistas *sex-blind* (cegos para o gênero), opinião que prosperou e calou ampla e profundamente, fazendo-se presente até os dias atuais. Nenhum(a) feminista interpelou desta forma o positivismo e a Sociologia da compreensão, de Weber. E, no entanto, os conceitos formulados por estas vertentes da Sociologia não discernem o gênero, ou seja, também são *sex-blind*. É bem verdade que o marxismo adquiriu muita evidência, tendo sido um dos pensamentos dominantes do século XX, ao lado da Psicanálise.

Todavia, não obstante a misoginia de Freud e de muitos de seus seguidores, não houve este tipo de interpelação de sua teoria. Note-se – e isto faz a diferença – que o questionamento das categorias marxistas deu-se no campo epistemológico, enquanto isto não ocorreu com a Psicanálise. Freud tratou da filogênese[3], mas jamais fez qualquer referência à ontogênese[4]. Há, certamente, uma componente ideológica importante nessas interlocuções, a merecer menção. O pensamento psicanalítico foi subversivo e conservador, ao passo que o marxista não

---

[3] Filogênese significa o desenvolvimento, no caso do ser humano.
[4] A ontogênese é exatamente a busca das origens do ser. Para Freud, do ser humano. A ontologia busca compreender a natureza e a gênese, a origem, para Marx, do ser social, ou seja, da sociedade. É isto que Freud não faz.

se aplica o segundo termo. Neste sentido, havia possibilidade de finalizar o enquadramento da Psicanálise no *status quo*, por intermédio do que Foucault (1976) chama de edipianização do agente social, ou seja, de sua sujeição à lei do pai. Um dos grandes méritos deste último autor foi compreender a historicidade da sexualidade. Com efeito, o exercício desta não se dá num vácuo social, mas obedece às normas sociais do momento. Isto não significa que a sexualidade esteja sempre vinculada à lei do pai. Sociedades igualitárias do ângulo do gênero não são presididas por esta lei, o que não equivale a dizer que não haja regras para o exercício da sexualidade. Certamente, Freud foi, neste particular, o grande inspirador de Foucault (1976).

Como o marxismo não se presta a cumplicidades com o *status quo*, as críticas a ele dirigidas, no passado e no presente, são superficiais, não atingindo sequer sua epistemologia. Não se conhece nenhuma abordagem ontológica da obra de Freud, certamente em razão da ausência de uma ontogênese. É o próprio conteúdo das categorias do pensamento marxiano, responsáveis pelo processo de conhecimento, que é posto em xeque. As assim denominadas suspeitas, e até mesmo recusas veementes, com relação às explicações universais, não justificam a acusação de que os conceitos marxistas são incapazes de perceber o gênero. Weber está na base de porção significativa dos pensadores pós-modernos, sem que seus porta-vozes mais proeminentes, ou nem tanto, se interroguem a que conduzirá tão extremado relativismo ou se seus tipos ideais podem ser corretamente utilizados quando aplicados a situações distintas daquelas com base nas quais foram formulados.

Grande conhecedora da obra de Weber (1964, 1965), Maria Sylvia de Carvalho Franco (1972) mostra como o ordenamento dos fenômenos sociais é feito com princípios *a priori*, não apenas pelo autor em questão como também por outros idealistas filiados ao pensamento kantiano. A autora detecta, no pensador em pauta, a presença de uma "subjetividade instauradora de significados" como alicerce do objeto, o que lhe permite afirmar, a respeito da tipologia da dominação, que o sentido empírico específico das relações de dominação é produzido pela atividade empírica de uma subjetividade. Este mesmo sentido define o objeto e constitui a autojustificação por meio da naturalização das desigualdades. Weber analisa, assim, as bases da legitimidade recorrendo a fatos sempre redutíveis à subjetividade, inscrevendo-se a autojustificação como processo pelo qual se erige em lei universal o conceito subjacente à dominação.

A tradição opera como princípio teórico, constitutivo de uma das formas de dominação. Tanto o método quanto o objeto encontram seu sustentáculo no sentido. O rigor da interpretação é assegurado pela identidade, no que tange à racionalidade, no objeto e no método. Neste sentido, a ação racional com relação a fins permite a captação da irracionalidade das ações dela discrepantes. Observam-se, ao lado de um relativismo praticamente absoluto, outros pecados inaceitáveis até mesmo para aqueles em cujo pensamento Weber penetrou. Na medida em que o método e o objeto apresentam a mesma racionalidade, e a subjetividade instaura sentido, o primeiro ganha primazia: a razão é coextensiva à sociedade. Isto posto, não é difícil perceber as dificuldades, ou a impossibilidade, de se utilizarem conceitos weberianos em outros contextos. Segundo a autora em pauta, as configurações históricas são únicas em termos conceituais e são apreensíveis como formações de sentido fechadas sobre si mesmas. Trata-se de formações não passíveis de fragmentação. Embora a análise exija a decomposição dos fenômenos, é sempre presidida pelo sentido, caracterizado por um princípio sintetizador no seio do qual se situa a lógica substantiva do sistema.

A análise de Franco, que incide sobre o mau emprego dos *constructos mentais weberianos* pelos teóricos da modernização, é, sem dúvida, de alto nível e totalmente pertinente. Em outros termos, os tipos ideais weberianos não se prestam ao exame de outras realidades distintas daquelas que lhes deram origem. Efetivamente, o tipo ideal é construído de maneira a atá-lo à especificidade do contexto social no qual teve sua gênese. Trata--se de conceitos genéticos. O próprio Weber define seu esquema de pensamento como um universo não contraditório de relações pensadas. Como o pensamento opera uma acentuação unilateral de certos aspectos da realidade, os conceitos não correspondem exatamente a esta, sendo, neste sentido, uma utopia. O vínculo do *constructo mental* com a realidade é resumido pelo próprio autor como uma representação pragmática, elaborada segundo a intuição e a compreensão, da natureza específica destas relações de acordo com um tipo ideal.

A máquina do patriarcado

Esta incursão por Franco e por Weber, ainda que ligeira, deixa patente a não utilização do conceito weberiano de patriarcado por parte de feministas[5], sejam elas radicais (Firestone, 1972; Reed, 1969; Koedt, Levine, Rapone, 1973; Millett, 1969, 1970, 1971) ou marxistas (Millett, 1971; Reed, 1969; Dawson *et al.*, 1971; Eisenstein, 1979; Sargent, 1981). Certamente, todas as feministas que diagnosticaram a dominação patriarcal nas sociedades contemporâneas sabiam, não que os conceitos

---

[5] Citam-se apenas algumas. Há feministas que entram em duas categorias. Às vezes, como é o caso de Sargent, organizadora da coletânea citada, trata-se de várias autoras com posições metodológicas distintas e, inclusive, opostas. A classificação usada é, portanto, precária. Todas, porém, utilizam o conceito de *patriarcado*. Dispensa-se, aqui, a citação de Marx e Engels, cujo uso do referido conceito é notório.

genéticos de Weber são intransferíveis, mas que já não se tratava de comunidades nas quais o poder político estivesse organizado independentemente do Estado[6]. Por que, então, não usar a expressão dominação masculina, como o tem feito Bourdieu, ou falocracia ou, ainda, androcentrismo, falo-logo-centrismo? Provavelmente, por numerosas razões, entre as quais cabe mencionar: este conceito reformulado de patriarcado exprime, de uma só vez, o que é expresso nos termos logo acima sugeridos, além de trazer estampada de forma muito clara a força da instituição, ou seja, de uma máquina bem azeitada, que opera sem cessar e, abrindo mão de muito rigor, quase automaticamente. Como bem mostra Zhang Yimou, no filme *Lanternas vermelhas*, nem sequer a presença do patriarca é imprescindível para mover a máquina do patriarcado, levando à forca a terceira esposa, pela transgressão cometida contra a ordem patriarcal de gênero.

Tão somente recorrendo ao bom senso, presume-se que nenhum(a) estudioso(a) sério(a) consideraria igual o patriarcado reinante na Atenas clássica ou na Roma antiga ao que vige nas sociedades urbano-industriais do Ocidente. Mesmo tomando só o momento atual, o poder de fogo do patriarcado vigente entre os povos africanos e/ou muçulmanos é extremamente grande no que tange à subordinação das mulheres aos homens. Observam-se, por conseguinte, diferenças de grau no domínio exercido por homens sobre mulheres. A natureza do fenômeno, entretanto, é a mesma. Apresenta a legitimidade que lhe atribui sua naturalização.

Por outro lado, como prevalece o pensamento dicotômico, procura-se demonstrar a universalidade do patriarcado por meio da inexistência de provas de eventuais sociedades matriarcais.

---

[6] Meillassoux, Claude (1975), mostra bem este fenômeno, analisando comunidades domésticas.

Neste erro, aliás, não incorrem apenas as pessoas comuns. Feministas radicais também procederam desta forma. De acordo com a lógica dualista, se há patriarcado, deve haver matriarcado. A pergunta cabível naquele momento e ainda hoje é: houve sociedades com igualdade social entre homens e mulheres? Esta interrogação teria, muito seguramente, dado outro destino à valorização da importância do conceito de patriarcado na descrição e na explicação da inferioridade social das mulheres. O filme *Lanternas vermelhas* apresenta imagens e trama reveladoras do acima expresso. Além de o patriarcado fomentar a guerra entre as mulheres, funciona como uma engrenagem quase automática, pois pode ser acionada por qualquer um, inclusive por mulheres. Quando a quarta esposa, em estado etílico, denuncia a terceira, que estava com seu amante, à segunda, é esta que faz o flagrante e que toma as providências para que se cumpra a tradição: assassinato da "traidora". O patriarca nem sequer estava presente no palácio no qual se desenrolaram os fatos. Durante toda a película, não se vê o rosto deste homem, revelando este fato que Zhang Yimou captou corretamente esta estrutura hierárquica, que confere aos homens o direito de dominar as mulheres, independentemente da figura humana singular investida de poder. Quer se trate de Pedro, João ou Zé Ninguém, a máquina funciona até mesmo acionada por mulheres. Aliás, imbuídas da ideologia que dá cobertura ao patriarcado, mulheres desempenham, com maior ou menor frequência e com mais ou menos rudeza, as funções do patriarca, disciplinando filhos e outras crianças ou adolescentes, segundo a lei do pai. Ainda que não sejam cúmplices deste regime, colaboram para alimentá-lo.

Também há categorias profissionais cujo papel consiste em enquadrar (Bertaux, 1977) seus subordinados neste esquema de pensar/sentir/agir. Estes três termos representam facetas de uma unidade: o ser humano. Isto é importante para não se reduzir o patriarcado a um mero adjetivo de uma ideologia. Não que esta não tenha um substrato material. Ela o tem e ele assume enorme importância quando não se opera por categorias dicotômicas, separando corpo de mente, natureza de cultura, razão de emoção. Embora haja profundas diferenças entre as três esferas ontológicas – a inorgânica, a orgânica e o ser social –, uma não prescinde das demais. Na primeira, não há vida e, por conseguinte, não há reprodução. Há um processo de transformação de um estado em outro estado, a rocha tornando-se terra, por exemplo. Na segunda, há vida e, portanto, reprodução. Uma mangueira produzirá sempre mangas, jamais jacas. Na esfera propriamente social, a consciência desempenha papel fundamental, permitindo a pré ideação das atividades e até, pelo menos parcialmente, a previsão de seus resultados. Na verdade, as três esferas ontológicas constituem uma unidade, como bem mostra Lukács (1976-81), sendo irredutíveis uma(s) à(s) outra(s). O ser social, dotado de consciência, é responsável pelas transformações da sociedade, permanecendo, entretanto, um ser natural. A sociedade tem, pois, fundamento biológico.

O pensamento cartesiano separou radicalmente o corpo da psique, a emoção da razão, gerando verdadeiro impasse. Efetivamente, se a cultura dispõe de uma enorme capacidade para modelar o corpo, este é o próprio veículo da transmissão das tradições. Como, entretanto, restabelecer a unidade do ser humano sem recorrer a uma abordagem ontológica? Entre as feministas, é extremamente raro este tipo de aproximação. Whitbeck (1983) tenta, em interessante artigo, apropriar--se do real em termos de uma ontologia feminista, capaz de conter – e aí reside sua importância – o diferente e o análogo. Não procede, contudo, em termos de uma ontogênese, a uma análise das relações homem-mulher. Duas tentativas de tratar esta questão nestes moldes foram realizadas, ao que se sabe, no Brasil (Saffioti, 1991, 1997b). É preciso, ainda, trabalhar muito nesta direção, talvez ligeiramente neste livro, ao analisar o conceito de *gênero*.

Não se trata de defender a tese de que os estudos sobre mulher(es) devam ceder espaço, inteiramente, aos *estudos de gênero*. Há ainda muita necessidade dos primeiros, na medida em que a atuação das mulheres sempre foi pouquíssimo registrada e que, por via de consequência, a maior parte de sua história está por ser estudada. Historiadoras feministas (Bridenthal e Konnz, 1977; Carroll, 1976; Figes, 1970; Fisher, 1979; Gimbutas, 1982; Hartman e Banner, 1974; Janeway, 1971, 1980; Lerner, 1979, 1986; Thompson, 1964) têm, é verdade, realizado esforços nesta direção. Mas há, ainda, um longo caminho a percorrer. E é absolutamente imprescindível que esta trajetória seja descrita para que haja empoderamento, não de mulheres, mas da categoria social por elas constituída. Há uma tensão entre a experiência histórica contemporânea das mulheres e sua exclusão dos esquemas de pensamento, que permitem a interpretação desta experiência. A este fenômeno Lerner (1986) chama de "a dialética da história das mulheres".

Além de empoderar a categoria mulheres, e não apenas mulheres, o conhecimento de sua história permite a apreensão do caráter histórico do patriarcado. E é imprescindível o reforço permanente da dimensão histórica da dominação masculina para que se compreenda e se dimensione adequadamente o patriarcado. Considera-se muito simplista a alegação de a-historicidade deste conceito. Primeiro, porque este constructo mental pode, sim, apreender a historicidade do patriarcado como fenômeno social que é, além do fato de o conceito ser heurístico. Segundo, porque na base do julgamento do conceito como a-histórico reside a negação da historicidade do fato social. Isto equivale a afirmar que por trás desta crítica esconde-se a presunção de que todas as sociedades do passado remoto, do passado mais próximo e do momento atual comportaram/comportam a subordinação das mulheres aos homens. Quem enxerga Weber no conceito de patriarcado utilizado por feministas na verdade incorre, no mínimo, em dois erros: 1) não conhece suficientemente este autor; 2) imputa a estas intelectuais/militantes a ignorância total de que este regime de relações homem-mulher tenha tido uma gênese histórica posterior a um outro dele distinto, mas também hierárquico. Ainda que não se possa aceitar a hipótese de sociedades matriarcais nem prévias às patriarcais nem a estas posteriores, por falta de comprovação histórica, há evidências apreciáveis, sobretudo de natureza arqueológica, de que existiu outra ordem de gênero, distinta da mantida pela dominação masculina. A fim de se adentrar este difícil terreno, é preciso que se parta, explicitamente, de um conceito de patriarcado e de um conceito de gênero. Apelar-se-á, no momento, para Hartmann (1979), definindo-se patriarcado como um pacto masculino para garantir a opressão de mulheres. As relações hierárquicas entre os homens, assim como a solidariedade entre eles existente, capacitam a categoria constituída por homens a estabelecer e a manter o controle sobre as mulheres.

Há que se fazer alguns comentários sobre este conceito de *patriarcado*, a fim de aclarar certas nuanças importantes. Seguramente, este regime ancora-se em uma maneira de os homens assegurarem, para si mesmos e para seus dependentes, os meios necessários à produção diária e à reprodução da vida. Bastaria, presume-se, mencionar a produção da vida, na medida em que ela inclui a produção antroponômica (Bertaux, 1977). Há, sem dúvida, uma economia doméstica, ou domesticamente organizada, que sustenta a *ordem patriarcal*. Dentre os diferentes machos há, pelo menos, uma hierarquia estabelecida com base nas distintas faixas etárias, cada uma desempenhando suas funções sociais e tendo um certo significado. A hierarquia apoiada na idade, entretanto, não é suficiente para impedir a emergência e a manutenção da solidariedade entre os homens. Tampouco o são, de forma permanente, as contradições presentes nas classes sociais e no racismo. A interdependência gerada por estas duas últimas clivagens e a solidariedade entre os homens autorizam os especialistas a antecipar a determinação, em maior ou menor grau, do destino das mulheres como categoria social.

Neste regime, as mulheres são objetos da satisfação sexual dos homens, reprodutoras de herdeiros, de força de trabalho e de novas reprodutoras. Diferentemente dos homens como categoria social, a sujeição das mulheres, também como grupo, envolve prestação de serviços sexuais a seus dominadores. Esta soma/mescla de dominação e exploração é aqui entendida como opressão, discussão a ser retomada mais adiante. Ou melhor, como não se trata de fenômeno quantitativo, mas qualitativo, ser explorada e dominada significa uma realidade nova. Também parece ser este, aproximadamente, o sentido atribuído por Hartmann ao ambíguo termo *opressão*, embora ela afirme que as mulheres são dominadas, exploradas e oprimidas, de forma sistemática (1979a). Se a palavra oprimidas pode ser agregada às palavras dominadas e exploradas, isto significa que tem sentido próprio, independente do significado das outras.

O importante a reter é que a base material do patriarcado não foi destruída, não obstante os avanços femininos, quer na área profissional, quer na representação no parlamento brasileiro e demais postos eletivos políticos. Se na Roma antiga o patriarca tinha direito de vida e morte sobre sua mulher, hoje o homicídio é crime capitulado no Código Penal, mas os assassinos gozam de ampla impunidade. Acrescente-se o tradicional menor acesso das mulheres à educação adequada e à obtenção de um posto de trabalho prestigioso e bem remunerado. Este fenômeno marginalizou-as de muitas posições no mercado de trabalho. A exploração chega ao ponto de os salários médios das trabalhadoras brasileiras serem cerca de 64% (IBGE) dos rendimentos médios dos trabalhadores brasileiros[7], embora, nos dias atuais, o grau de escolaridade das primeiras seja bem superior ao dos segundos. A dominação-exploração constitui um único fenômeno, apresentando duas faces. Desta sorte, a base econômica do patriarcado não consiste apenas na intensa discriminação salarial das trabalhadoras, em sua segregação ocupacional e em sua marginalização de importantes papéis econômicos e político-deliberativos, mas também no controle de sua sexualidade e, por conseguinte, de sua capacidade reprodutiva. Seja para induzir as mulheres a ter grande número de filhos, seja para convencê-las a controlar a quantidade de nascimentos e o espaço de tempo entre os filhos, o controle está sempre em mãos masculinas, embora elementos femininos possam intermediar e mesmo implementar estes projetos.

Ainda que o conceito de Hartmann apresente inegáveis qualidades, é necessário se fazer certos acréscimos. O patriarcado, em presença de – na verdade, enovelado com – classes sociais e racismo (Saffioti, 1996), apresenta não apenas uma hierarquia entre as categorias de sexo, mas traz também, em seu bojo, uma contradição de interesses. Isto é, a preservação do *status quo* consulta os interesses dos homens, ao passo que transformações no sentido da igualdade social entre homens

---

[7] Em outubro de 2001, quando foram coligidos os dados, pela Fundação Perseu Abramo, da pesquisa "A mulher brasileira nos espaços público e privado", a situação era a seguinte: famílias recebendo até 2 salários mínimos = 42% (então, 360 reais); mais de 2 a 5 = 34%; mais de 5 a 10 = 12%; mais de 10 a 20 = 6%; e acima de 20 SM (3.600 reais), tão somente 2%.

e mulheres respondem às aspirações femininas. Não há, pois, possibilidade de se considerarem os interesses das duas categorias como apenas conflitantes. São, com efeito, contraditórios. Não basta ampliar o campo de atuação das mulheres. Em outras palavras, não basta que uma parte das mulheres ocupe posições econômicas, políticas, religiosas etc., tradicionalmente reservadas aos homens. Como já se afirmou, qualquer que seja a profundidade da *dominação-exploração* da categoria mulheres pela dos homens, a natureza do patriarcado continua a mesma. A contradição não encontra solução neste regime. Ela admite a superação, o que exige transformações radicais no sentido da preservação das diferenças e da eliminação das desigualdades pelas quais é responsável a sociedade. Já em uma ordem não patriarcal de gênero a contradição não está presente. Conflitos podem existir e para este tipo de fenômeno há solução nas relações sociais de gênero isentas de hierarquias, sem mudanças cruciais nas relações sociais mais amplas.

As origens do conceito de gênero

Diferentemente do que, com frequência, se pensa, não foi uma mulher a formuladora do *conceito de gênero*. O primeiro estudioso a mencionar e a conceituar *gênero* foi Robert Stoller[8] (1968). O conceito, todavia, não prosperou logo em seguida. Só a partir de 1975, com o famoso artigo de Gayle Rubin, mulher, frutificaram estudos de gênero, dando origem a uma ênfase pleonástica em

---

[8] A rigor, embora não haja formulado o conceito de gênero, Simone de Beauvoir mostra que só lhe faltava a palavra, pois, em sua famosa frase – "Ninguém nasce mulher, mas se torna mulher" – estão os fundamentos do conceito de gênero. Lutando contra o essencialismo biológico – "A anatomia é o destino" –, enveredou pela ação da sociedade na transformação do bebê em mulher ou em homem. Foi, por conseguinte, a precursora do conceito de gênero (Saffioti, 1999b).

seu caráter relacional e a uma nova postura adjetiva, ou seja, a perspectiva de gênero. Vale a pena retroagir um quarto de século, a fim de se perceber certas nuanças hoje consideradas familiares e, portanto, desconhecidas. Conforme afirmou Rubin, em 1975, um sistema de sexo/gênero consiste numa gramática, segundo a qual a sexualidade biológica é transformada pela atividade humana, gramática esta que torna disponíveis os mecanismos de satisfação das necessidades sexuais transformadas. Embora os elementos históricos recolhidos até o momento da redação do mencionado artigo indicassem a presença sistemática de hierarquia entre as categorias de sexo, Rubin admite, pelo menos teoricamente, relações de gênero igualitárias. Recomenda a manutenção da diferença entre a necessidade e a capacidade humana de organizar de forma opressiva, empiricamente, os mundos sexuais imaginários ou reais que cria. Segundo a autora, o patriarcado abrange os dois significados. Diferentemente, o sistema de sexo/gênero aponta para a não inevitabilidade da opressão e para a construção social das relações que criam este ordenamento. Assim, de acordo com ela, o conceito de sistema de sexo/gênero é neutro, servindo a objetivos econômicos e políticos distintos daqueles aos quais originariamente atendia.

Como porta de entrada e caminho exploratório das novas reflexões acerca das representações sociais do masculino e do feminino, o artigo de Rubin revela grande sofisticação. A elaboração social do sexo (Saffioti, 1969a) deve mesmo ser ressaltada, sem, contudo, gerar a dicotomia sexo e gênero, um situado na biologia, na natureza, outro, na sociedade, na cultura. É possível trilhar caminhos para eliminar esta dualidade. Algumas poucas teorias já formuladas têm tratado de fugir das categorias cartesianas, com certo êxito. Um grande contingente de feministas, mulheres e homens, tem combatido o raciocínio dualista, o que já representa algo.

A postura aqui assumida consiste em considerar sexo e gênero uma unidade, uma vez que não existe uma sexualidade biológica independente do contexto social em que é exercida. A ontogênese tem-se mostrado uma via frutífera para a preservação da unidade do inorgânico, do orgânico e do social. Movimentos sociais recentes e atuais, como o ecologista, têm uma percepção mais ou menos aguda desta integração. Guattari (1990), caminhando por outras trilhas, elaborou sua ecosofia, ou seja, uma costura ético-política entre os três momentos ecológicos – meio ambiente, relações sociais e subjetividades –, ressaltando a importância dos processos moleculares, nos quais estão compreendidos a sensibilidade, a inteligência e o desejo. Como se pode observar facilmente, *a unidade do sexo gênero* foi, de certo modo, preservada. Incidindo especificamente sobre as relações de gênero, Guattari propõe, em outra linguagem – uma ressingularização individual e/ou coletiva das subjetividades, fugindo da formatação mediática –, uma reorganização, entre outras, da *ordem de gênero*.

Naquele momento, Rubin precisou separar as duas dimensões subsumidas no conceito de patriarcado: o sexo e o gênero. Embora o qualificativo neutro, usado para gênero, não tenha sido apropriado, ela abriu caminho, com ele, para admitir, ao menos teoricamente, uma alternativa à dominação masculina, ou seja, ao patriarcado. Pena é que tenha restringido demasiadamente o uso deste conceito, numa contradição com sua própria crença de que todas ou quase todas as sociedades conhecidas apresentaram/apresentam a subordinação feminina. Como antropóloga, porém, poderia ter-se debruçado sobre dados referentes a sociedades de caça e coleta, a fim de conferir realidade àquilo que admitia somente no plano da teoria. Um dos pontos importantes de seu trabalho consiste em deixar mais ou menos livre o emprego simultâneo dos dois conceitos.

O conceito de gênero, no Brasil, alastrou-se rapidamente na década de 1990. Já no fim dos anos 1980, circulava a fotocópia do artigo de Joan Scott (1983, 1988). Traduzido em 1990, no Brasil, difundiu-se rápida e extensamente. O próprio título do trabalho em questão ressalta o gênero como categoria analítica, o que também ocorre ao longo do artigo. A epígrafe utilizada pela historiadora, retirada de um dicionário, reforça, de maneira radical, o caráter analítico da categoria gênero. Não obstante, nem todos os bons dicionários seguem a mesma linha do escolhido por ela. *The Concise Oxford Dictionary* chega a registrar gênero como o sexo de uma pessoa, em linguagem coloquial. Para manter o rigor conceitual, entretanto, pode-se adotar a expressão categorias de sexo para se fazer referências a homens e a mulheres como grupos diferenciados, embora a gramática os distinga pelos gêneros masculino e feminino e apesar de o gênero dizer respeito às imagens que a sociedade constrói destes mesmos masculino e feminino. Neste sentido, o conceito de gênero pode representar uma categoria social, histórica, se tomado em sua dimensão meramente descritiva, ainda que seja preferível voltar à velha expressão categoria de sexo (Saffioti, 1969a, 1977). Uma das razões, porém, do recurso ao termo *gênero* foi, sem dúvida, a recusa do essencialismo biológico, a repulsa pela imutabilidade implícita em "*a anatomia é o destino*", assunto candente naquele momento histórico.

Deu-se, indubitavelmente, um passo importante, chamando-se a atenção para as relações homem-mulher, que nem sempre pareciam preocupar (ou ocupar) as(os) cientistas. Era óbvio que se as mulheres eram, como categoria social, discriminadas, o eram por homens na qualidade também de uma categoria social. Mas, como quase tudo que é óbvio passa despercebido, houve vantagem nesta mudança conceitual. No Brasil, já na década de 1960, realizou-se estudo sobre mulheres, pesquisando-se também seus maridos (Saffioti, 1969b).

A interpretação do caráter relacional do gênero, todavia, deixa, muitas vezes, a desejar. Com efeito, se para esta vertente do pensamento feminista gênero é exclusivamente social, a queda no essencialismo social é evidente. E o corpo? Não desempenha ele nenhuma função? O ser humano deve ser visto como uma totalidade, na medida em que é uno e indivisível. Entre numerosos exemplos, pode-se lembrar a somatização. Há mulheres que, não obstante jamais terem sofrido violência física ou sexual, tiveram suas roupas ou seus objetos de maquiagem ou seus documentos rasgados, cortados, inutilizados. Trata-se de uma violência atroz, uma vez que se trata da destruição da própria identidade destas mulheres. Sua ferida de alma manifesta-se no corpo sob diversas modalidades. Muitas passam mal, chegando a desfalecer. São levadas ao pronto-socorro, saindo de lá com uma receita de calmante. Diagnóstico? *Doença dos nervos*, quando, a rigor, são as manifestações das feridas da alma. Um profissional *psi* faria um diagnóstico inteiramente distinto, propondo uma psicoterapia, talvez aliada a remédios, dependendo da situação, na qual certamente se descobririam as razões de seu mal-estar.

Voltando ao início do parágrafo anterior, certas(os) estudiosas(os) parecem pensar que basta fazer a afirmação, ou seja, que ela não demanda uma inflexão do pensamento. Defende-se, neste trabalho, a ideia de que se, de uma parte, gênero não é tão somente uma categoria analítica, mas também uma categoria histórica, de outra, sua dimensão adjetiva exige, sim, uma inflexão do pensamento, que pode, perfeitamente, se fazer presente também nos estudos sobre mulher. Na verdade, quando aqui se valorizam esses estudos, pensa-se em enervá-los com a perspectiva de gênero. A história das mulheres ganha muito com investigações deste tipo. A própria Scott (1988) percorreu meandros do gênero em sua forma substantiva, como categoria histórica. Com efeito, sua primeira proposição estabelece quatro elementos substantivos enlaçados, envolvidos pelo gênero, indo desde símbolos culturais, passando por conceitos normativos e instituições sociais, até a subjetividade. Discorre a autora sobre aspectos substantivos do *gênero*, o que se pode considerar negativo, já que ela valoriza excessivamente o discurso (sem sujeito)[9]. Acusa, também, um caráter descritivo no conceito de gênero, usado como substituto de mulheres: gênero não implica, necessariamente, desigualdade ou poder nem aponta a parte oprimida. Não seria esta, justamente, a maior vantagem do uso do conceito de gênero? Ou seja, deixar aberta a direção do vetor da dominação-exploração não tornaria, como parece tornar, o conceito de gênero mais abrangente e capacitado a explicar eventuais transformações, seja no sentido do vetor, seja na abolição da exploração-dominação? Como, no artigo em pauta, a autora realiza uma apreciação de distintas correntes de pensamento, certa ambiguidade é gerada no que tange às opiniões da própria Scott. Assim, criticando o conceito de patriarcado com base na concepção de que este *constructo mental* se baseia nas diferenças de sexo, condena sua a-historicidade, apontando o perigo de se transformar a história em mero epifenômeno. É verdade que alguns(mas) teóricos(as) entendem o gênero como sendo, em qualquer momento histórico e área geográfica, baseado em hierarquia entre homens e mulheres na estrutura de poder. Parece ser este, quase exatamente, o caso de Scott. Partindo de sua

---

[9] Afirma Scott, em sua defesa: *"Por 'linguagem', os pós-estruturalistas não entendem palavras, mas sistemas de significado – ordens simbólicas – que precedem o atual domínio do discurso, da leitura e da escrita"* (p. 37). Esta explanação é dispensável, persistindo a questão, tão bem abordada por Lerner (1986), do(s) formulador(es) dos sistemas simbólicos responsáveis pela inferiorização social de mulheres, negros e outras categorias sociais sobre as quais pesam numerosas discriminações.

segunda proposição, sinaliza a importância do gênero como uma maneira primordial de significar relações de poder e a recorrência deste elemento, na tradição judaico-cristã e na islâmica, para também estruturar os modos de perceber e organizar, concreta e simbolicamente, toda a vida social.

Não se contestam algumas, e grandes, contribuições de Scott, por várias razões, inclusive por haver ela colocado o fenômeno do poder no centro da organização social de gênero. Também se considera muito expressivo e valioso o fato de ela haver afirmado que a atenção dirigida ao gênero é raramente explícita, sendo, no entanto, um ponto fundamental do estabelecimento e da manutenção da igualdade e da desigualdade. Pena é que este período está obscurecido por outros argumentos meio ambíguos e que ela não ressaltou o fato de que o poder pode ser constelado na direção da igualdade ou da desigualdade entre as categorias de sexo. Como o gênero é visto ora como capaz de colorir toda a gama de relações sociais, ora como um mero aspecto destas relações, é difícil dimensionar sua importância, assim como sua capacidade para articular relações de poder.

Cabe também mencionar que Scott não faz nenhuma restrição a Foucault, aceitando e adotando seu conceito de poder, qualquer que seja o âmbito em que este ocorre, quaisquer que sejam a profundidade e o alcance da análise. É sabido que Foucault, embora reúna vários méritos, nunca elaborou um projeto de transformação da sociedade. Ora, quem lida com gênero de uma perspectiva feminista contesta a dominação-exploração masculina. Por via de consequência, estrutura, bem ou mal, uma estratégia de luta para a construção de uma sociedade igualitária. Sem dúvida, é notável a contribuição de Scott. Todavia, dada a ambiguidade que perpassa seu texto, assim como certos compromissos por ela explicitados, seria mais interessante discutir suas ideias do que colocá-la em um pedestal.

Gênero e poder

Ninguém contesta que o poder seja central na discussão de determinada fase histórica do gênero, já que este fenômeno é cristalino. O que precisa ficar patente é que o poder pode ser democraticamente partilhado, gerando liberdade, como também exercido discricionariamente, criando desigualdades. Definir gênero como uma privilegiada instância de articulação das relações de poder exige a colocação em relevo das duas modalidades essenciais de participação nesta trama de interações, dando-se a mesma importância à integração por meio da igualdade e à integração subordinada. Faz-se necessário verificar se há evidências convincentes, ao longo da história da humanidade, da primeira alternativa. Ademais, na ausência de modelos, é importante averiguar sua existência como forma de empoderamento das hoje subordinadas, como categoria social. Empoderar-se equivale, num nível bem expressivo do combate, a possuir alternativa(s), sempre na condição de categoria social. O empoderamento individual acaba transformando as empoderadas em mulheres-álibi, o que joga água no moinho do (neo)liberalismo: se a maioria das mulheres não conseguiu uma situação proeminente, a responsabilidade é delas, porquanto são pouco inteligentes, não lutaram suficientemente, não se dispuseram a suportar os sacrifícios que a ascensão social impõe, num mundo a elas hostil.

Dispor de alternativa(s), contudo, pressupõe saberes a respeito de si próprio e dos outros como categorias que partilham/ disputam o poder. Escrevendo sobre uma obra de Thompson, Scott[10] percebeu corretamente que este autor, ao mesmo tempo, não excluía as mulheres da classe trabalhadora inglesa desde sua gênese, mas as marginalizava do processo de sua formação. É

---

[10] "Women in the Making of the English Working Class" pode ser lido na mesma coletânea de artigos de Scott, organizada por Heilburn e Miller (1988, p. 68-90).

óbvio que seria impossível negar a presença das mulheres nas fábricas durante a Revolução Industrial e posteriormente. Desta sorte, elas não estão ausentes do estudo de Thompson. Entretanto, o autor não revela a participação feminina no próprio processo de construção desta classe. Em outros termos, trata-se de mostrar como o gênero, milênios anterior, historicamente, às classes sociais, se reconstrói, isto é, absorvido pela classe trabalhadora inglesa, no caso de Thompson, se reconstrói/constrói juntamente com uma nova maneira de articular relações de poder: as classes sociais. A gênese destas não é a mesma, nem se dá da mesma forma que a do *gênero*. Evidentemente, estas duas categorias têm histórias distintas, datando o gênero do início da humanidade, há cerca de 250-300 mil anos, e sendo as classes sociais propriamente ditas um fenômeno inextrincavelmente ligado ao capitalismo e, mais propriamente, à constituição da determinação industrial deste modo de produção, ou seja, à Revolução Industrial. Se, como sistema econômico, ele teve início no século XVI, só se torna um verdadeiro modo de produção com a constituição de sua dimensão industrial, no século XVIII. Quando se consideram os embriões de classe, pode-se retroceder às sociedades escravocratas antigas. Mesmo neste caso, as classes sociais têm uma história muito mais curta que o *gênero*. Desta forma, as classes sociais são, desde sua gênese, um fenômeno gendrado. Por sua vez, uma série de transformações no *gênero* são introduzidas pela emergência das classes. Para amarrar melhor esta questão, precisa-se juntar o racismo. O nó (Saffioti, 1985, 1996) formado por estas três contradições apresenta uma qualidade distinta das determinações que o integram. Não se trata de somar racismo + gênero + classe social, mas de perceber a realidade compósita e nova que resulta desta fusão. Como afirma Kergoat (1978), o conceito de superexploração não dá conta da realidade, uma vez que não existem apenas discriminações quantitativas, mas também qualitativas. Uma pessoa não é discriminada por ser mulher, trabalhadora e negra. Efetivamente, uma mulher não é duplamente discriminada, porque, além de mulher, é ainda uma trabalhadora assalariada. Ou, ainda, não é triplamente discriminada. Não se trata de variáveis quantitativas, mensuráveis, mas sim de determinações, de qualidades, que tornam a situação destas mulheres muito mais complexa.

Não seria justo usar um texto antigo de Kergoat, no qual ela expõe uma ideia ainda válida, mas em que se utiliza de um conceito – patriarcado – que abandonou. Com efeito, grande parte, talvez a maioria, das(os) feministas francesas(es) usam a expressão relações sociais de sexo em lugar de relações de gênero. Fazem tanta questão disto que algumas usam a expressão *relations sociales de sexe*, em lugar de *gender relations (relations de genre*, em francês), como fazem as norte-americanas e certas inglesas, reservando a expressão *rapports sociaux* para designar a estrutura social expurgada do gênero. Deste modo, procedem como certas brasileiras, colocando as relações interpessoais fora da estrutura social. Que lugar seria este? Da perspectiva aqui assumida, este é o não lugar. Grande parte das feministas francesas eram/são um bastião de resistência contra a penetração, no francês, de uma palavra – gênero – com outro significado que o gramatical. Na tentativa de valorizar a expressão relações sociais de sexo, Kergoat não considera incompatíveis os conceitos de gênero e patriarcado. Em sua opinião, pensar em termos de *relações sociais de sexo* deriva de uma certa visão de mundo, fica praticamente impossível falar, ao mesmo tempo, de relações sociais de sexo e patriarcado (Kergoat, 1996). Embora a ambiguidade do texto seja gritante, vale realçar a admissão da compatibilidade dos conceitos referidos.

Este pequeno artigo de Kergoat contém, não apenas nas ideias utilizadas, vários pensamentos que pedem reflexão. Concorda-se com ela, certamente não pelas mesmas razões, no que tange ao uso simultâneo dos conceitos de gênero e de patriarcado, como se deverá deixar claro posteriormente. Aparentemente, sua recusa do termo gênero está correta. Entretanto, gênero diz respeito às representações do masculino e do feminino, a imagens construídas pela sociedade a propósito do masculino e do feminino, estando estas inter-relacionadas. Ou seja, como pensar o masculino sem evocar o feminino? Parece impossível, mesmo quando se projeta uma sociedade não ideologizada por dicotomias, por oposições simples, mas em que masculino e feminino são apenas diferentes. Cabe lembrar, aqui, que diferente faz par com idêntico. Já igualdade faz par com desigualdade, e são conceitos políticos (Saffioti, 1997a). Assim, as práticas sociais de mulheres podem ser diferentes das de homens da mesma maneira que, biologicamente, elas são diferentes deles. Isto não significa que os dois tipos de diferenças pertençam à mesma instância. A experiência histórica das mulheres tem sido muito diferente da dos homens exatamente porque, não apenas do ponto de vista quantitativo, mas também em termos de qualidade, a participação de umas é distinta da de outros. Costuma-se atribuir estas diferenças de história às desigualdades, e estas desempenham importante papel nesta questão. Sem dúvida, por exemplo, a marginalização das mulheres de certos postos de trabalho e de centros de poder cavou profundo fosso entre suas experiências e as dos homens. É importante frisar a natureza qualitativa deste hiato. Trata-se mesmo da necessidade de um salto de qualidade para pôr as mulheres no mesmo patamar que os homens, não esquecendo, porém, de humanizar os homens. Certamente, este não seria o resultado caso as duas categorias de sexo fossem apenas diferentes, mas não desiguais.

O pensamento de Kergoat revela que seu texto de 1978, citado anteriormente, já não reflete seu pensamento mais recente, na medida em que ela descartou a noção de patriarcado. Quando separa radicalmente os conceitos relações sociais de sexo e gênero (aqui já existe um problema, pois, via de regra, usa-se a expressão relações de gênero, isto é, relações entre o masculino e o feminino, entre homens e mulheres), procede pelo que considera a presença da relação, no primeiro caso, e a ausência da relação, no segundo. Se o conceito de gênero não envolve relações sociais e é compatível com a noção de patriarcado, esta tampouco o faz. Esta ideia vem implícita nas considerações de a-historicidade do patriarcado, porquanto a única possibilidade de esta ordem de gênero manter-se imutável consiste na ausência de oposições simples, dicotômicas.

Uma vez que não se trabalha com o conceito weberiano de dominação[11], compreende-se que o processo de dominação só possa se estabelecer numa relação social. Desta forma, há o(s) dominador(es) e o(s) dominado(s). O(s) primeiro(s) não elimina(m) o(s) segundo(s), nem pode ser este seu intento. Para continuar dominando, deve(m) preservar seu(s) subordinado(s). Em outros termos, dominação presume subordinação. Portanto, está dada a presença de, no mínimo, dois sujeitos. E sujeito atua sempre, ainda que situado no polo de dominado. Se o esquema de dominação patriarcal põe o domínio, a capacidade legitimada de comandar, nas mãos do patriarca, deixa livre aos seus subordinados, homens e mulheres, especialmente estas últimas, a iniciativa de agir, cooperando neste processo, mas também solapando suas bases. Eis aí a contradição que perpassa as relações homem-mulher na ordem patriarcal de gênero. Aliás,

---

[11] "Por dominação deve entender-se a probabilidade de encontrar obediência a um mandato de determinado conteúdo entre pessoas dadas" (Weber, 1964, p. 43, 16). "Deve entender-se por 'dominação' (...) a probabilidade de encontrar obediência dentro de um grupo determinado para mandatos específicos (ou para toda classe de mandatos)" (p. 170).

o conceito de dominação, em Weber, é distinto do conceito de poder. Enquanto a primeira conta com a aquiescência dos dominados, o poder dispensa-a, podendo mesmo ser exercido contra a vontade dos subordinados.

Do exposto decorre que se considera errôneo não enxergar no patriarcado uma relação, na qual, obviamente, atuam as duas partes. Tampouco se considera correta a interpretação de que sob a ordem patriarcal de gênero as mulheres não detêm nenhum poder. Com efeito, a cumplicidade exige consentimento e este só pode ocorrer numa relação par, nunca díspar, como é o caso da relação de gênero sob o regime patriarcal (Mathieu, 1985). O consentimento exige que ambas as partes desfrutem do mesmo poder. Do ângulo da pedra fundamental do liberalismo, o contrato de casamento deveria ser nulo de pleno direito. Já que as mulheres estão muito aquém dos homens em matéria de poder, elas não podem consentir, mas puramente ceder (Mathieu). Se uma mulher é ameaçada de estupro por um homem armado, e resolve, racionalmente, ceder, a fim de preservar o bem maior, ou seja, a vida, sua atitude atuará contra ela perante o Direito brasileiro, cujos fundamentos são positivistas, ou seja, os mesmos que informam o (neo)liberalismo. O juiz interpretaria a cessão como consentimento.

Gênero e patriarcado

O exposto permite verificar que o gênero é aqui entendido como muito mais vasto que o patriarcado, na medida em que neste as relações são hierarquizadas entre seres socialmente desiguais, enquanto o gênero compreende também relações igualitárias. Desta forma, o patriarcado é um caso específico de relações de gênero. Como já se expôs, em capítulo anterior, nas posições de Lerner e Johnson, deve ser cristalina a ideia de que o patriarcado é, em termos históricos, um recém-nascido.

Embora Lerner não seja marxista, lida bastante bem com as inter-relações entre o arcabouço material das sociedades e as realidades imaginárias que criam. Por outro lado, é muito cuidadosa na análise das evidências históricas, mostrando quando e por que se pode trabalhar com determinadas hipóteses. Historiciza o conceito de patriarcado, já que, como fenômeno social, ele apresenta este caráter. Apresenta uma visão de totalidade, em duplo sentido. Um deles diz respeito à totalidade como conjunto interligado de instituições movidas por coletividades. Neste aspecto, faz fascinante incursão pelas sociedades de caça e coleta. Contrariando a escola de pensamento do *man-the-hunter*, revela uma série de exemplos de complementaridade entre as categorias de sexo, assim como o desfrute, por parte das mulheres, de *status* relativamente alto. Esta maneira de exprimir os achados já mostra que ela se situa bem longe da preocupação de encontrar provas de supremacia feminina. Afirma a autora, por outro lado, que independentemente da grande importância econômica das mulheres e de seu alto *status* social nas sociedades de caça e coleta, em todas as sociedades conhecidas as mulheres, como categoria social, não têm capacidade decisória sobre o grupo dos homens, não ditam normas sexuais nem controlam as trocas matrimoniais.

Talvez esta seja a razão pela qual Lerner usa sempre a palavra *relativa* para se referir à igualdade entre homens e mulheres. Ademais, analisando a obra de Mellart, afirma que comunidades relativamente igualitárias, do ângulo do gênero, não sobreviveram. Não oferece, todavia, nenhuma razão para este perecimento, o que pode significar ausência de qualquer evidência explicativa deste fenômeno, já que ela nada afirma sem provas.

Embora muitas feministas, Scott inclusive e muito fortemente, tenham horror a qualquer referência às diferenças biológicas entre homens e mulheres, não é possível esquecer que, sob condições primitivas, antes da emergência de instituições da sociedade dita civilizada, a unidade mãe-filho era absolutamente fundamental para a perpetuação do grupo. A criança só contava com o calor do corpo da mãe para se aquecer, assim como com o leite materno para se alimentar. Segundo Lerner, a mãe doadora da vida detinha poder de vida e morte sobre a prole indefesa. Desta sorte, não constitui nenhuma surpresa que homens e mulheres, assistindo a este dramático e misterioso poder da mulher, se devotassem à veneração de Mães-Deusas.

Embora já se haja feito referências a Johnson, cabe ressaltar a relevância que ele atribui ao controle, inclusive do meio ambiente, pelas sociedades que se sedentarizaram. Obviamente, o controle é parte integrante de toda sociedade, mas a agricultura permitiu/exigiu seu incremento. Johnson vale-se de uma hipótese de Fisher (1979) para raciocinar sobre a nova relação estabelecida entre, de um lado, os seres humanos, e, de outro, a vida orgânica e a matéria inorgânica. Para pôr isto na linguagem que expressa os raciocínios básicos deste livro, poder-se-á afirmar que o ser social, à medida que se diferencia e se torna mais complexo, muda sua relação tanto com a esfera ontológica inorgânica quanto com a esfera ontológica orgânica, elevando seu controle sobre ambas. Os seres humanos, que tinham uma relação igual e equilibrada entre si e com os animais, transformaram-na em controle e dominação. O patriarcado é um dos exemplos vivos deste fenômeno.

Quando se passou a criar animais para corte ou tração, sua reprodução mostrou-se de grande valor econômico. Foi fácil, então, perceber que, quanto mais filhos um homem tivesse, maior seria o número de braços para cultivar áreas mais extensas de terra, o que permitia maior acumulação. Passam, então, os seres humanos, a se distanciar da natureza e a vê-la simplesmente como algo a ser controlado e dominado. Isto tudo foi crucial para estabelecer entre os homens e as mulheres relações de dominação-exploração. Além disto, a compreensão do fenômeno reprodutivo humano, observando-se o acasalamento dos animais, minou os poderes femininos. De acordo com Johnson, desacreditado o caráter mágico da reprodução feminina e descoberta a possibilidade de este fenômeno poder ser controlado como qualquer outro, estava desfeito o vínculo especial das mulheres com a força da vida universal, podendo os homens se colocar no centro do universo. Como portadores da semente que espalhavam nos passivos úteros das mulheres, os homens passaram a se considerar a fonte da vida.

Este autor foi muito feliz ao perceber que o patriarcado se baseia no controle e no medo, atitude/sentimento que formam um círculo vicioso. Há muito tempo, afirmou-se que os homens ignoram o altíssimo preço, inclusive emocional (mas não só), que pagam pela amputação de facetas de suas personalidades, da exploração-dominação que exercem sobre as mulheres (Saffioti, 1985, 1987). Desta forma, não se trata de uns serem melhores que outros, mas de disputa pelo poder, que comporta, necessariamente, controle e medo. Efetivamente, os homens convertem sua agressividade em agressão mais frequentemente que as mulheres. Segundo Daly e Wilson, que estudaram 35 amostras de estatísticas de 14 países, incluindo-se aí sociedades pré-letradas e a Inglaterra do século XIII, em média, homens matam homens com uma frequência 26 vezes maior do que mulheres matam mulheres (*apud* Pinker, 1999).

O outro sentido da concepção de totalidade de Lerner é representado pela consideração da história da humanidade até quando os registros e achados arqueológicos permitem. Trata-se, portanto, de obra da maior seriedade. Contudo, um só intelectual não pode realizar uma tarefa cumulativa, necessariamente de muitos. Desta maneira, ainda que certamente se precisará voltar à obra de Lerner, continuar-se-á a recorrer também a outros autores.

Se a maior parte da história da humanidade foi vivida numa outra organização social, especialmente de gênero, é pertinente raciocinar, como Johnson, em termos da emergência de fatos – descobertas, invenções – aparentemente desvinculados das relações homem-mulher e que, no entanto, funcionaram como precondições da construção do patriarcado, há, aproximadamente, sete mil anos. Embora o patriarcado diga respeito, em termos específicos, à ordem de gênero, expande-se por todo o corpo social. Isto não significa que não existam violências praticadas em, por exemplo, sociedades coletoras. Mas o valor central da cultura gerada pela dominação-exploração patriarcal é o controle, valor que perpassa todas as áreas da convivência social. Ainda que a maioria das definições de gênero implique hierarquia entre as categorias de sexo, não visibiliza os perpetradores do controle/violência. Desconsiderando o patriarcado, entretanto, o feminismo liberal transforma o privilégio masculino numa questão individual apenas remotamente vinculada a esquemas de exploração-dominação mais amplos, que o promovem e o protegem (Johnson, 1997).

O reparo que se pode fazer ao pensamento exposto é que nunca alguém mencionou a não existência de sistemas mais amplos que o patriarcado. Pessoas podem se situar fora do esquema de dominação-exploração das classes sociais ou do de raça/etnia. Ninguém, nem mesmo homossexuais masculinos e femininos, travestis e transgêneros, fica fora do esquema de gênero patriarcal. Do ângulo quantitativo, portanto, que é o indicado pela palavra usada por Johnson (*larger*), o patriarcado é, nas sociedades ocidentais urbano-industriais informacionais, o mais abrangente. Da perspectiva qualitativa, a invasão por parte desta organização social de gênero é total. Tomem-se, por exemplo, as religiões. Estão inteiramente perpassadas pela estrutura de poder patriarcal. A recusa da utilização do conceito de patriarcado permite que este esquema de exploração--dominação grasse e encontre formas e meios mais insidiosos de se expressar. Enfim, ganha terreno e se torna invisível. Mais do que isto: é veementemente negado, levando a atenção de seus participantes para outras direções. Cumpre, pois, um desserviço a ambas as categorias de sexo, mas, seguramente, mais ainda à das mulheres.

Gênero e ideologia

As feministas radicais revelam as bases material e social do *patriarcado*. Muita discussão foi travada a propósito dos serviços gratuitos – domésticos e sexuais – que as mulheres prestam aos homens: a seus companheiros e aos patrões de seus companheiros. Muito se escreveu sobre os privilégios masculinos em geral e as discriminações praticadas contra as mulheres. Convém lembrar que o patriarcado serve a interesses dos grupos/classes dominantes (Saffioti, 1969, 1987) e que o sexismo não é meramente um preconceito, sendo também o poder de agir de acordo com ele (Johnson). No que tange ao sexismo, o portador de preconceito está, pois, investido de poder, ou seja, habilitado pela sociedade a tratar legitimamente as pessoas sobre quem recai o preconceito da maneira como este as retrata. Em outras palavras, os preconceituosos – e este fenômeno não é individual, mas social – estão autorizados a discriminar categorias sociais, marginalizando-as do convívio social comum, só lhes permitindo uma integração subordinada, seja em certos grupos, seja na sociedade como um todo. Não é esta, porém, a interpretação cotidiana de preconceito e de sexismo, também um preconceito. Mesmo intelectuais de nomeada consideram o machismo uma mera ideologia, admitindo apenas o termo *patriarcal*, isto é, o adjetivo. Como quase nunca se pensa na dimensão material das ideias, a ideologia é interpretada como pairando acima da matéria.

O ponto de vista aqui assumido permite ver a ideologia se corporificando em sentido literal e em sentido figurado. Com efeito, este fenômeno atinge materialmente o corpo de seus portadores e daqueles sobre quem recai. A postura corporal das mulheres enquanto categoria social não tem uma expressão altiva. Evidentemente, há mulheres que escapam a este destino de gênero (Saffioti e Almeida, 1995), mas se trata de casos individuais, jamais podendo ser tomados como expressão da categoria mulheres, extremamente diversificada. Via de regra, as mulheres falam baixo ou se calam em discussões de grupos sexualmente mistos. Nas reuniões festivas, o comum é se formarem dois grupos: o da Luluzinha e o do Bolinha. Como este último está *empoderado* e, portanto, dita as regras, o primeiro sujeita-se ao jogo socialmente estabelecido. A ideologia sexista corporifica-se nos agentes sociais tanto de um polo quanto de outro da *relação de dominação-subordinação*. O sentido figurado da corporificação das ideologias em geral e da sexista em especial reside no vínculo arbitrariamente estabelecido entre fenômenos: voz grave significa poder, ainda que a pessoa fale baixo. O porquê disto encontra-se na posição social dos homens como categoria social em relação à das mulheres. A voz grave do assalariado não o *empodera* diante de seu patrão, pois o código na estrutura de classes é outro.

Não se pode prosseguir sem, pelo menos, dar uma pincelada numa questão bastante séria e pouco mencionada. *Sexismo e racismo são irmãos gêmeos*. Na gênese do *escravismo* constava um tratamento distinto dispensado a homens e a mulheres. Eis porque o *racismo, base do escravismo*, independentemente das características físicas ou culturais do povo conquistado, nasceu no mesmo momento histórico em que nasceu o *sexismo*. Quando um povo conquistava outro, submetia-o a seus desejos e a suas necessidades. Os homens eram temidos, em virtude de representarem grande risco de revolta, já que dispõem, em média, de mais força física que as mulheres, sendo, ainda, treinados para enfrentar perigos. Assim, eram sumariamente eliminados, assassinados. As mulheres eram preservadas, pois serviam a três propósitos: constituíam força de trabalho, importante fator de produção em sociedades sem tecnologia ou possuidoras de tecnologias rudimentares; eram reprodutoras desta força de trabalho, assegurando a continuidade da produção e da própria sociedade; prestavam (cediam) serviços sexuais aos homens do povo vitorioso. Aí estão as raízes do *sexismo*, ou seja, tão velho quanto o *racismo*. Esta constitui uma prova cabal de que o *gênero não é tão somente social, dele participando também o corpo*, quer como mão de obra, quer como objeto sexual, quer, ainda, como reprodutor de seres humanos, cujo destino, se fossem homens, seria participar ativamente da produção, e, quando mulheres, entrar com três funções na engrenagem descrita.

Retomando o *nó* (Saffioti, 1985), difícil é lidar com esta nova realidade, formada pelas três subestruturas: *gênero, classe social, raça/etnia*, já que é presidida por uma lógica contraditória, distinta das que regem cada contradição em separado. Uma voz menos grave ou mesmo aguda de uma mulher é relevante em sua atuação, segundo o preconceito étnico-racial, e, mais seguramente, na relação de gênero e na de classes sociais. O importante é analisar estas contradições na condição de fundidas ou enoveladas ou enlaçadas em um *nó*. Não se trata da figura do nó górdio nem apertado, mas do nó frouxo, deixando mobilidade para cada uma de suas componentes (Saffioti, 1998). Não que cada uma destas contradições atue livre e isoladamente. No nó, elas passam a apresentar uma dinâmica especial, própria do nó. Ou seja, a dinâmica de cada uma condiciona-se à nova realidade, presidida por uma lógica contraditória (Saffioti, 1988). De acordo com as circunstâncias históricas, cada uma das contradições integrantes do nó adquire relevos distintos. E esta motilidade é importante reter, a fim de não se tomar nada como fixo, aí inclusa a organização destas subestruturas na estrutura global, ou seja, destas contradições no seio da nova realidade – *novelo patriarcado-racismo-capitalismo* (Saffioti, 1987) – historicamente constituída.

A imagem do nó não consiste em mera metáfora; é também uma metáfora. Há uma estrutura de poder que unifica as três ordens – *de gênero, de raça/etnia* e de *classe social* –, embora as análises tendam a separá-las. Aliás, o prejuízo científico e político não advém da separação para fins analíticos, mas sim da ausência do caminho inverso: a síntese. Como já se mostrou, o *patriarcado*, com a cultura especial que gera e sua correspondente estrutura de poder, penetrou em todas as esferas da vida social, não correspondendo, há muito tempo, ao suporte material da economia de *oikos* (doméstica). De outra parte, o capitalismo também mercantilizou todas as relações sociais, nelas incluídas as chamadas específicas de *gênero*, linguagem aqui considerada inadequada. Da mesma forma, a *raça/etnia*, com tudo que implica em termos de discriminação e, por conseguinte, estrutura de poder, imprimiu sua marca no corpo social por inteiro. A análise das *relações de gênero* não pode, assim, prescindir, de um lado, da análise das demais, e, de outro, da recomposição da totalidade de acordo com a posição que, nesta nova realidade, ocupam as três contradições sociais básicas.

Parafraseando Marx (1957)[12], pode-se afirmar que é este novo arranjo que permite compreender sociedades igualitárias,

---

[12] "Assim, a economia burguesa nos dá a chave da economia antiga etc. (...) Mas, é preciso não identificá-las. Como, além disso, a própria sociedade burguesa não é senão uma forma antitética do desenvolvimento histórico, são relações pertencentes a formas anteriores de sociedade que não se podem reencontrar nela senão inteiramente estioladas ou mesmo travestidas" (p. 169-170).

não baseadas no controle, na dominação, na competição. A organização das categorias históricas no interior de cada tipo varia necessariamente. Assim, da mesma forma como a anatomia do homem é a chave para a compreensão da anatomia do símio, a sociedade burguesa constitui a chave para o entendimento das sociedades mais simples. Cabe ressaltar também, seguindo-se este método, que a análise das formas mais simples de organização social só é possível quando a forma mais desenvolvida de sociedade se debruça sobre si mesma como tema de pesquisa e compreensão. Neste ponto da discussão, seria interessante aprofundar a análise de Pateman. Todavia, em não havendo espaço para isto, apenas se registra que é importante reter o seguinte: *o contrato não se contrapõe ao patriarcado; ao contrário, ele é a base do patriarcado moderno.* Integra a *ideologia de gênero*, especificamente *patriarcal*, a ideia, defendida por muitos, de que o contrato social é distinto do contrato sexual, restringindo-se este último à esfera privada. Segundo este raciocínio, o patriarcado não diz respeito ao mundo público ou, pelo menos, não tem para ele nenhuma relevância. Do mesmo modo como as relações patriarcais, suas hierarquias, sua estrutura de poder contaminam toda a sociedade, o direito patriarcal perpassa não apenas a sociedade civil, mas impregna também o Estado. Ainda que não se possa negar o predomínio de atividades privadas ou íntimas na esfera da família e a prevalência de atividades públicas no espaço do trabalho, do Estado, do lazer coletivo, e, portanto, as diferenças entre o público e o privado, estão estes espaços profundamente ligados e parcialmente mesclados. Para fins analíticos, trata-se de esferas distintas; são, contudo, inseparáveis para a compreensão do todo social. A liberdade civil deriva do direito patriarcal e é por ele limitada.

Raciocinando na mesma direção de Johnson, Pateman mostra o caráter masculino do contrato original, ou seja, um contrato entre homens, cujo objeto são as mulheres. A diferença sexual é convertida em diferença política, passando a se exprimir ou em liberdade ou em sujeição. Sendo o patriarcado uma forma de expressão do poder político, esta abordagem vai ao encontro da máxima legada pelo feminismo radical: "o pessoal é político". Entre outras alegações, a polissemia do conceito de *patriarcado*, aliás existente também no de gênero, constitui um argumento contra seu uso. Abandoná-lo significaria, na perspectiva de Pateman, a perda, pela teoria política feminista, do único conceito que marca nitidamente a subordinação das mulheres, especificando o direito político conferido aos homens pelo fato de serem homens. Um sério problema a ser sanado neste campo é constituído pelas interpretações patriarcais do patriarcado.

Interpretação patriarcal do patriarcado

O *patria potestas* cedeu espaço, não à mulher, mas aos filhos. O patriarca que nele estava embutido continua vivo como titular do direito sexual. O pensamento de Pateman, neste sentido, vai ao encontro do de Harding. Com efeito, Pateman mostra como a interpretação patriarcal do patriarcado como direito do pai causou o obscurecimento da relação entre marido e esposa na origem da família. Esquece-se o fato de que antes de serem pais e mães, os homens e as mulheres são maridos e esposas. O conceito de patriarcado, compreendido por meio da história do contrato sexual, permite a verificação da estrutura patriarcal do capitalismo e de toda a sociedade civil.

Focalizar o contrato sexual, colocando em relevo a figura do marido, permite mostrar o caráter desigual deste pacto, no qual se troca obediência por proteção. E *proteção*, como é notório, significa, no mínimo a médio e longo prazos, exploração-dominação. Isto revela que as mulheres jamais alcançaram a categoria de indivíduos, com poder de contratar de igual para igual. E esta categoria é de suma relevância na sociedade burguesa, na qual o individualismo é levado ao extremo. O conceito de cidadão, rigorosamente, constitui-se pelo indivíduo. O casamento, capaz de estabelecer relações igualitárias, ter-se-ia que dar entre indivíduos. Ora, não é isto que ocorre, pois ele une um indivíduo a uma subordinada. Aquilo que é trocado no casamento não é propriamente propriedade ou, pelo menos, não é necessário que assim o seja. Evidentemente, nas camadas abastadas, há uma tendência à adição de fortunas, mas esta não é a regra na sociedade em geral, mesmo porque a grande maioria da população não detém bens de monta ou é completamente despossuída. O contrato representa uma troca de promessas por meio da fala ou de assinaturas. Firmado o contrato, estabelece-se uma nova relação na qual cada parte se posiciona em face da outra. A parte que oferece proteção é autorizada a determinar a forma como a outra cumprirá sua função no contrato. A paternidade impõe a maternidade. O direito sexual ou conjugal estabelece-se antes do direito de paternidade. O poder político do homem assenta-se no direito sexual ou conjugal. Assim, a autoridade política do homem já está garantida bem antes de ele se transformar em pai.

Tem razão Pateman, pois o *status* de indivíduo constitui precondição para a constituição do sujeito em cidadão. A Revolução Francesa foi um marco importante desta transição, cabendo lembrar que as mulheres foram deixadas à margem da Declaração Universal dos Direitos do Homem e do Cidadão. O contrato sexual é consubstancial à sociedade civil, estruturando também o espaço do trabalho. Na estrutura patriarcal capitalista das ocupações, as mulheres não figuram como trabalhadoras, mas tão somente como mulheres. Os homens, como trabalhadores, são sujeitos à autoridade de seu chefe. Entretanto, esta subordinação é diferente da das trabalhadoras, porquanto o homem é um "senhor prisioneiro" (Pateman). Talvez se possa traduzir esta expressão por: quem é rei nunca perde a majestade, mesmo que seja subordinado nas relações de trabalho. Cabe ressaltar a convergência da análise sociológica de Kergoat (1978) e a abordagem política, via teoria do contrato, de Pateman, dez anos depois (a edição original do livro é de 1988). Desde seus inícios, a exploração econômica da mulher faz-se conjuntamente com o controle de sua sexualidade. Já se analisou, ainda que ligeiramente, a unicidade do racismo e do sexismo. É óbvio que este fato preexistiu, de longe, à emergência do capitalismo; mas este se apropriou desta desvantagem feminina, procedendo com todas as demais da mesma forma. Tirou, portanto, proveito das discriminações que pesavam contra a mulher (Saffioti, 1969), e assim continua procedendo. Como se pode verificar facilmente nas cadeias produtivas nacionais e internacionais, as mulheres predominam nos estágios mais degradados da terceirização ou quarterização. A Nike, por exemplo, usa mão de obra feminina oriental que trabalha em domicílio, recebendo quantias miseráveis. Todos os estudos sobre força de trabalho feminina no mundo de economia globalizada revelam sua mais acentuada subordinação. Isto equivale a dizer que, quanto mais sofisticado o método de exploração praticado pelo capital, mais profundamente se vale da dominação de gênero de que as mulheres já eram, e continuam sendo, vítimas.

O perigo deste tipo de análise reside em resvalar-se pelo dualismo. Não há, de um lado, a dominação patriarcal e, de outro, a exploração capitalista. Para começar, não existe um processo de dominação separado de outro de exploração. Por esta razão, usa-se, aqui e em outros textos, a expressão dominação--exploração ou exploração-dominação. Alternam-se os termos, para evitar a má interpretação da precedência de um processo e, por via de consequência, da sucessão do outro. De rigor, não há dois processos, mas duas faces de um mesmo processo. Daí ter-se criado a metáfora do nó para dar conta da realidade da fusão patriarcado-racismo-capitalismo. Mitchell (1966, 1971, 1974) e Hartmann, (1979a, 1979b), não obstante suas grandes contribuições, laboraram/laboram na direção da teoria dos sistemas duais (Young, 1981; Jónasdóttir, 1993). E isto significa operar na lógica binária, própria do pensamento cartesiano, de um lado, e, de outro, dos constructos mentais impingidos pelas ideologias e demais tecnologias de gênero, raça/etnia e classe social, elaboradas pelas categorias sociais poderosas ou a seu serviço. Todas as categorias sociais e classes dispõem de seus intelectuais orgânicos (Gramsci, 1967; Portelli, 1973), a fim de terem seus objetivos e métodos para alcançá-los legitimados. O homem é visto como essencial, a mulher, como inessencial. O primeiro é considerado sujeito, a mulher, o outro. O fato de o patriarcado ser um pacto entre os homens não significa que a ele as mulheres não oponham resistência. Como já se patenteou, sempre que há relações de dominação-exploração, há resistência, há luta, há conflitos, que se expressam pela vingança, pela sabotagem, pelo boicote ou pela luta de classes.

Efetivamente, a análise de Pateman revela a dimensão mais profunda, essencial, do patriarcado, atribuindo-lhe um significado que a maioria de suas(seus) utilizadoras(es) ignoram. Além disto, esta autora ressignifica outras questões, presumivelmente apenas circundantes. Imputa-se, via de regra, uma responsabilidade quase exclusiva à socialização sofrida pelas mulheres à submissão destas. Pateman dispõe de outro argumento. Diferentemente de muitas explicações, a consciência que as mulheres têm de si mesmas não deriva da socialização que receberam, mas de sua inserção como mulheres e esposas na estrutura social.

Obviamente, a socialização faz parte deste processo de se tornar mulher/esposa. Mas não se trata apenas daquilo que as mulheres introjetaram em seu inconsciente/consciente. Trata-se de vivências concretas na relação com homens/maridos. Tanto assim é que nas sociedades ocidentais modernas a mulher perde direitos civis ao casar. Data de 27 de agosto de 1962, no Brasil, a Lei 4.121, também conhecida como estatuto da mulher casada. Até a promulgação desta lei, a mulher não podia desenvolver atividade remunerada fora de casa sem o consentimento de seu marido, entre outras limitações. Era, literal e legalmente, tutelada por seu cônjuge, figurando ao lado dos pródigos e dos silvícolas, quanto a sua relativa incapacidade civil. A propósito desta questão, evoca-se o já citado texto de Mathieu, no qual ela trabalha, ampla e profundamente, a "consciência dominada" das mulheres. Simultaneamente, as mulheres integram e não integram a ordem civil, uma vez que são incorporadas como mulheres, subordinadas, e não como indivíduos. A submissão das mulheres na sociedade civil assegura o reconhecimento do direito patriarcal dos homens.

Como tão somente o contrato gera relações livres, presumindo igualdade de condições das partes, é necessário incorporar as mulheres à sociedade civil por meio de um contrato. Entretanto, simultaneamente, é preciso que este contrato reconheça e reafirme o direito patriarcal. Assim, no pensamento político contemporâneo, a subordinação civil ganhou o nome de liberdade por meio da negação da interdependência entre liberdade civil e direito patriarcal. Tem razão a autora em pauta, quando enuncia que o patriarcado contratual moderno presume a liberdade das mulheres, não funcionando sem este pressuposto. Por outro lado, também nega liberdade às mulheres. Para se eliminar a dominação masculina, substituindo-a pela autonomia de ambas as categorias de sexo, a liberdade individual deve encontrar limite na estrutura das relações sociais.

Gênero *x* patriarcado

O argumento final aqui desenvolvido em favor das ideias até agora defendidas girará em torno da recusa do *uso exclusivo do conceito de gênero*. Por que este conceito teve ampla, profunda e rápida penetração não apenas no pensamento acadêmico, mas também no das(os) militantes feministas e, ainda, em organismos internacionais? Efetivamente, o Banco Mundial só concede verbas a projetos que apresentem recorte de gênero. Residiria a resposta tão somente na necessidade percebida de alterar as relações sociais desiguais entre homens e mulheres? Mas o conceito de patriarcado já não revelava este fenômeno, muito antes de o conceito de gênero ser cunhado? Não estaria a rápida difusão deste conceito vinculada ao fato de ele ser infinitamente mais palatável que o de patriarcado e, por conseguinte, poder ser considerado neutro? Estas perguntas apontam para uma resposta: o conceito de gênero, ao contrário do que afirmaram muitas(os), é mais ideológico do que o de patriarcado. Neutro, não existe nada em sociedade.

Como não se é a favor de jogar fora o bebê com a água do banho, defende-se:

1. a utilidade do conceito de gênero, mesmo porque ele é muito mais amplo do que o de patriarcado, levando-se em conta os 250 mil anos, no mínimo, da humanidade;

2. o uso simultâneo dos conceitos de gênero e de patriarcado, já que um é genérico e o outro específico dos últimos seis ou sete milênios, o primeiro cobrindo toda a história e o segundo qualificando o primeiro ou, por economia, simplesmente a expressão patriarcado mitigado ou, ainda, meramente patriarcado;

3. a impossibilidade de aceitar, mantendo-se a coerência teórica, a redutora substituição de um conceito por outro, o

que tem ocorrido nessa torrente bastante ideológica dos últimos dois decênios, quase três.

Nem sequer abstratamente se pode conceber sociedades sem representação do feminino e do masculino. Descobertas recentes sobre a capacidade de aprender dos animais indicam que se pode levantar a hipótese de que os hominídeos já fossem capazes de criar cultura. Não se precisa, no entanto, ir tão longe, podendo-se examinar, embora ligeiramente, o processo de diferenciação que está na base da terceira esfera ontológica: o ser social. A esfera ontológica inorgânica constitui condição *sine qua non* do nascimento da vida. Uma proteína, provavelmente, deu origem à esfera ontológica orgânica. Diferenciações nesta esfera geraram seres sexuados. O sexo, desta forma, pertenceu, originariamente, apenas à esfera ontológica orgânica. À medida que a vida orgânica ia se tornando mais complexa, ia, simultaneamente, surgindo a cultura. Os hominídeos desceram das árvores, houve mutações e a cultura foi se desenvolvendo. É pertinente supor-se que, desde o início deste processo, foram sendo construídas representações do feminino e do masculino. Constitui-se, assim, o gênero: a diferença sexual, antes apenas existente na esfera ontológica orgânica, passa a ganhar um significado, passa a constituir uma importante referência para a articulação das relações de poder. A vida da natureza (esferas ontológicas inorgânica e orgânica), que, no máximo, se reproduz, é muito distinta do ser social, que cria sempre fenômenos novos.

A ontologia lukacsiana permite ver, com nitidez, que os seres humanos, não obstante terem construído e continuarem a construir uma esfera ontológica irredutível à natureza, continua a pertencer a esta unidade, que inclui as três esferas ontológicas. Mais do que isto, Lukács distingue dois tipos de posições teleológicas[13]: as posições que incidem sobre a natureza, visando à satisfação das necessidades, por exemplo, econômicas; e as posições cujo alvo é a consciência dos outros, na tentativa de modelar-lhes a conduta. Está aqui, sem dúvida, a "consciência dominada" das mulheres (Mathieu) e, ao mesmo tempo, sua possibilidade de escapar de seu destino de gênero, via transgressão, que permite a criação de novas matrizes de gênero, cada uma lutando por destronar a matriz dominante de sua posição hegemônica. Com efeito, para Lukács, não existe igualdade entre as intenções de um agente social e seu resultado, exatamente porque outros *socii* atuam sobre o primeiro. Enfim, não há coincidência exata entre a intenção e o resultado que produz, em virtude da pluralidade de intenções/ações presentes no processo interativo. Situado num terreno muito distinto do de Weber, o Lukács da *Ontologia* enfatiza o fato de o resultado das intenções individuais ultrapassá-las, inscrevendo-se na instância causal e não teleológica, o que abre espaço para as contingências do cotidiano. O ser social, na interpretação que Tertulian (1996) faz de Lukács, consiste numa interação de complexos heterogêneos, permanentemente em movimento e devir, apresentando uma mescla de continuidade e descontinuidade, de forma a produzir sempre o novo irreversível. É chegada a hora de alertar o leitor para a natureza das categorias históricas gênero e patriarcado. Gênero constitui uma categoria ontológica, enquanto o mesmo não ocorre com a categoria ordem patriarcal de gênero. Ainda que muito rapidamente, pode-se afirmar, com veemência, que

---

[13] Teleológicas são as ações dos agentes sociais, isto é, têm uma finalidade, dirigem-se a um alvo. Embora as ações humanas sejam teleológicas, a História não o é. O erro de muitos, na interpretação da obra de Marx, consiste em considerar teleológica a História, quando Marx situou as ações humanas como tal. Que teleologia não seja confundida com ontologia e nem esta com antologia, isto é, uma coletânea de textos.

é possível transformar o patriarcado em muito menos tempo do que o que foi exigido para sua implantação e consolidação. Lembra-se que este último processo durou 2.500 anos! Quando a consciência humana se projetou sobre a natureza, introduzindo a marca do nexo final nas cadeias causais objetivas, teve origem o ato intencional, teleológico, finalista. Desta sorte, a teleologia é uma categoria histórica e, portanto, irredutível à natureza. Deste ângulo, o gênero inscreve-se no plano da história, embora não possa jamais ser visto de forma definitivamente separada do sexo, na medida em que também está inscrito na natureza. Ambos fazem parte desta totalidade aberta, que engloba natureza e ser social. Corpo e psique, por conseguinte, constituem uma unidade. Como praticamente a totalidade das teorias feministas não ultrapassa a gnosiologia, a teoria do conhecimento, permanecendo no terreno das categorias meramente lógicas ou epistemológicas, não dá conta da riqueza e da diversidade do real. Revelam-se, por isso, incapazes de juntar aquilo que o cartesianismo sistematizou como separado. O gênero independe do sexo apenas no sentido de que não se apoia necessariamente no sexo para proceder à formatação do agente social. Há, no entanto, um vínculo orgânico entre gênero e sexo, ou seja, o vínculo orgânico que torna as três esferas ontológicas uma só unidade, ainda que cada uma delas não possa ser reduzida à outra. Obviamente, o gênero não se reduz ao sexo, da mesma forma como é impensável o sexo como fenômeno puramente biológico. Não seria o gênero exatamente aquela dimensão da cultura por meio da qual o sexo se expressa? Não é precisamente por meio do gênero que o sexo aparece sempre vinculado ao poder? O estupro não é um ato de poder, independentemente da idade e da beleza da mulher, não estando esta livre de sofrê-lo mesmo aos 98 anos de idade? Não são todos os abusos sexuais atos de poder?

As evidências históricas, como já se mostrou, caminham no sentido da existência de um poder compartilhado de papéis sociais diferentes, mas não desiguais. Ainda que isto cause engulhos nas(os) teóricas(os) posicionadas(os) contra a diferença sexual, na gênese, ela teve extrema importância. Esta, aliás, constitui uma das razões pelas quais se impõe a abordagem ontológica. Ao longo do desenvolvimento do ser social, as mediações culturais foram crescendo e se diferenciando, portanto deixando cada vez mais remota e menos importante a diferença sexual. Como, porém, o ser social não poderia existir sem as outras duas esferas ontológicas, não se pode ignorá-las. Mais do que isto, o ser humano consiste na unidade destas três esferas, donde não se poder separar natureza de cultura, corpo de mente, emoção de razão etc. É por isso que o gênero, embora construído socialmente, caminha junto com o sexo. Isto não significa atentar somente para o contrato heterossexual. O exercício da sexualidade é muito variado; isto, contudo, não impede que continuem existindo imagens diferenciadas do feminino e do masculino. O patriarcado refere-se a milênios da história mais próxima, nos quais se implantou uma hierarquia entre homens e mulheres, com primazia masculina. Tratar esta realidade em termos exclusivamente do conceito de gênero distrai a atenção do poder do patriarca, em especial como homem/ marido, "neutralizando" a exploração-dominação masculina. Neste sentido, e contrariamente ao que afirma a maioria das(os) teóricas(os), o conceito de gênero carrega uma dose apreciável de ideologia. E qual é esta ideologia? Exatamente a patriarcal, forjada especialmente para dar cobertura a uma estrutura de poder que situa as mulheres muito abaixo dos homens em todas as áreas da convivência humana. É a esta estrutura de poder, e não apenas à ideologia que a acoberta, que o conceito de patriarcado diz respeito. Desta sorte, trata-se de conceito crescentemente preciso, que prescinde das numerosas confusões de que tem sido alvo. Chegou-se a uma situação paradoxal: teóricas feministas atacando o conceito de patriarcado e teóricos feministas advogando seu uso. A título de ilustração, veja-se o que afirmam Johnson e Kurz. Para Johnson, o patriarcado é paradoxal. O paradoxo começa na própria existência do patriarcado, resultante de um pacto entre os homens e a nutrição permanente da competição, da agressão e da opressão. A dinâmica entre controle e medo rege o patriarcado. Embora sempre referido às relações entre homens e mulheres, o patriarcado está mais profundamente vinculado às relações entre os homens. Para Kurz (2000), nem todas as sociedades são estruturadas em termos patriarcais. A história registra sociedades igualitárias do ângulo do gênero. Assim, "a desvalorização da mulher na modernidade deriva das próprias relações sociais modernas". Da perspectiva aqui assumida, o gênero é constitutivo das relações sociais, como afirma Scott (1983, 1988), da mesma forma que a violência é constitutiva das relações entre homens e mulheres, na fase histórica da ordem patriarcal de gênero (Saffioti, 2001), ainda em curso. Na ordem falocrática, o gênero, informado pelas desigualdades sociais, pela hierarquização entre as duas categorias de sexo e até pela lógica da complementaridade (Badinter, 1986), traz a violência em seu cerne.

> A popularidade do *slogan* e sua força para feministas emergem da complexidade da posição das mulheres nas sociedades liberal-patriarcais contemporâneas. O privado ou pessoal e o público ou político são sustentados como separados e irrelevantes um em relação ao outro; a experiência cotidiana das mulheres ainda confirma esta separação e, simultaneamente, a nega e afirma a conexão integral entre as duas esferas. A separação entre o privado e o público é, ao mesmo tempo, parte de nossas vidas atuais e uma mistificação ideológica da realidade liberal-patriarcal. A separação entre a vida doméstica privada das

mulheres e o mundo público dos homens tem sido constitutiva do liberalismo patriarcal desde sua gênese e, desde meados do século XIX, a esposa economicamente dependente tem estado presente como o ideal de todas as classes sociais da sociedade (Pateman, 1989, p. 131-132).

Como a teoria é muito importante para que se possa operar transformações profundas na sociedade, constitui tarefa urgente que as teóricas feministas se indaguem: a quem serve a teoria do gênero utilizada em substituição à do patriarcado? A urgência desta resposta pode ser aquilatada pela premência de situar as mulheres em igualdade de condições com os homens. É evidente que esta luta não pode (nem deveria) ser levada a cabo exclusivamente por mulheres. O concurso dos homens é fundamental, uma vez que se trata de mudar a relação entre homens e mulheres. Todavia, é a categoria dominada-explorada que conhece minuciosamente a engrenagem patriarcal, no que ela tem de mais perverso. Tem, pois, obrigação de liderar o processo de mudança. Recusando-se, no entanto, a enxergar o patriarcado ou recusando-se a admiti-lo, a maioria das teóricas feministas dá dois passos para trás:

1. não atacando o coração da engrenagem de exploração/dominação, alimenta-a;

2. permite que pelo menos alguns homens encarnem a vanguarda do processo de denúncia das iniquidades perpetradas contra mulheres e mostrem o essencial para a formulação de uma estratégia de luta mais adequada.

Ainda que as teóricas feministas também desejem construir uma sociedade igualitária do ângulo do gênero (será possível restringir as transformações apenas a este domínio?), o resultado da interação de todos esses agentes sociais será eventualmente diverso de suas intenções, lembrando Luckács. É necessário precaver-se no sentido de impedir que a resultante da ação coletiva fique aquém, ou muito aquém, do fim posto. E a teoria desempenha papel fundamental neste processo. Não se trata de abolir o uso do conceito de gênero, mas de eliminar sua utilização exclusiva. Gênero é um conceito por demais palatável, porque é excessivamente geral, a-histórico, apolítico e pretensamente neutro. Exatamente em função de sua generalidade excessiva, apresenta grande grau de extensão, mas baixo nível de compreensão. O patriarcado ou ordem patriarcal de gênero, ao contrário, como vem explícito em seu nome, só se aplica a uma fase histórica, não tendo a pretensão da generalidade nem da neutralidade, e deixando propositadamente explícito o vetor da dominação-exploração. Perde-se em extensão, porém se ganha em compreensão. Entra-se, assim, no reino da História. Trata-se, pois, da falocracia, do androcentrismo, da primazia masculina. É, por conseguinte, um conceito de ordem política. E poderia ser de outra ordem se o objetivo das(os) feministas consiste em transformar a sociedade, eliminando as desigualdades, as injustiças, as iniquidades, e instaurando a igualdade? (Saffioti, 1997a).

A ideologia constitui um relevante elemento de reificação, de alienação, de coisificação. Também constitui uma poderosa tecnologia de gênero (Lauretis, 1987), assim como "cinema, discursos institucionais, epistemologias e práticas críticas" (p. IX), estas últimas entendidas como as mais amplas práticas sociais e culturais. A alienação, em sua acepção de cisão, é alimentada pelas tecnologias de gênero, aí inclusas as ideologias. É muito útil a concepção de sujeito, de Lauretis, pois ele é constituído em gênero, em raça/etnia, em classe social; não se trata de um sujeito unificado, mas múltiplo; "não tão dividido quanto questionador" (p. 2). Importa reter na memória que não apenas as ideologias atuam sobre os agentes sociais subjugados, mas também outras múltiplas tecnologias sociais de gênero, de raça/etnia e de classe social. Não obstante a força e a eficácia política de todas as tecnologias sociais, especialmente as de gênero, e, em seu seio, das ideologias de gênero, a violência ainda é necessária para manter o *status quo*. Isto não significa adesão ao uso da violência, mas uma dolorosa constatação.

REFERÊNCIAS BIBLIOGRÁFICAS

ARRIGHI, Giovanni. (1997) *A ilusão do desenvolvimento*. Petrópolis: Vozes.
BADINTER, Elisabeth. (1980) *L'amour en plus – Histoire de l'amour maternel (Sec. XVII-XX)*. Montrouge, França.
BARSTED, Leila Linhares. (1995) A ordem legal e a (des)ordem familiar. *Cadernos Cepia*, n. 2, Rio de Janeiro.
BEAUVOIR, Simone. (s/d) *O segundo sexo*. São Paulo: Difusão Europeia do Livro. A primeira edição, em francês, é de 1949.
BENEDICT, Ruth. (1988) *O crisântemo e a espada*. São Paulo: Perspectiva.
BERTAUX, Daniel. (1977) *Destins personnels et structure de classe*. Vendôme, Presses Universitaires de France. Há edição brasileira, da Zahar Editores, 1979.
BETTELHEIM, Charles. (1969) Remarques Théoriques par Charles Bettelheim, *in:* EMMANUEL, A. *L'échange inégal; présentation et remarques théoriques de Charles Bettelheim*. Paris: Librairie François Maspéro.
BOURDIEU, Pierre. (1999) *A dominação masculina*. Rio de Janeiro: Bertrand Brasil.
BRIDENTHAL, Renate e KOONZ, Claudia. (1977) *Becoming Visible: Women in European History*. Boston, MA: Houghton Mifflin.
CARROLL, Berenice. (1976) *Liberating Women's History: Theoretical and Critical Essays in Women's History*. Urbana, IL: University of Illinois Press.
CASTEL, Robert. (1994) Da indigência à exclusão, a desfiliação: precariedade do trabalho e vulnerabilidade relacional. *SaúdeLoucura*. São Paulo: Hucitec.
_____. (1995) *Les métamorphoses de la question sociale*. Mesnil-sur-l'Estrée: Librairie Arthème Fayard. Há tradução brasileira da Vozes.
CASTELLS, Mannuel. (1999) *O poder da identidade*. V. 2 da trilogia *A Era da Informação: economia, sociedade e cultura*. São Paulo: Paz e Terra, p. 169-285 do 2º tomo, isto é, 116 páginas dedicadas ao patriarcado.

CHAUI, Marilena. (1985) "Participando do debate sobre mulher e violência", *in:* FRANCHETTO, Bruna, CAVALCANTI, Maria Laura V.C., HEIBORN, Maria Luiza (orgs.). *Perspectivas antropológicas da mulher.* Rio de Janeiro: Zahar Editores, v. 4, p. 25-61.

CHOMBART DE LAUWE, Paul-Henry. (1964) *Images de la femme dans la société.* Liège: Les Éditions Ouvrières.

COLLIN, Françoise. (1976) "Entre le chien et le loup". *Cahier du Grif.* Paris, n. 14-15, p. 3-9.

COMBES, Danièle e HAICAULT, Monique (1984) Production et reproduction, rapports sociaux de sexes et de classes, *in: Le sexe du travail.* Grenoble: Presses universitaires de Grenoble, p. 155-173.

DAWSON, Kipp et alii (1971) *Kate Millett's Sexual Politics – A Marxist Appreciation.* Nova York: Pathfinder Press. DELPHY, Christine (1998) *L'Ennemi Principal.* Paris: Éditions Syllepse, Collection Nouvelles Questions Féministes.

EISENSTEIN, Zillah. (org.) (1979) *Capitali$t Patriarchy and the Case for Socialist Feminism.* Nova York e Londres: Monthly Review Press.

FACIO, Alda. (1991) Sexismo en el Derecho de los derechos humanos, *in: La mujer ausente: derechos humanos en el mundo.* Santiago, Chile: Isis Internacional, Ediciones de las Mujeres, n. 15.

FIGES, Eva. (1970) *Patriarcal Attitudes.* Nova York: Stein and Day.

FIRESTONE, Shulamith. (1972) The Dialectic of Sex. Nova York: Bantam Books.

FISHER, Elizabeth. (1979) *Woman's Creation: Sexual Evolution and the Shaping of Society.* Garden City, NY: Doubleday. FLAX, Jane. (1987) "Postmodernism and gender relations in feminist theory". *Signs.* Chicago, The University of Chicago, v. 12, n. 4, Summer 1987, p. 621-643.

FOUCAULT, Michel. (1976) *Histoire de la sexualité – La volonté de savoir.* França: Gallimard. Outros livros do mesmo autor também abordam a questão.

_____. (1981) *Microfísica do poder.* Rio de Janeiro: Graal.

_____. (1977) *Vigiar e punir.* Petrópolis: Vozes. O Panoptismo: p. 173-199.

FRANCO, Maria Sylvia de Carvalho. (1972) Sobre o conceito de tradição. *Cadernos Ceru,* n. 5, Centro de Estudos Rurais e Urbanos, USP, p. 9-41.

GIDDENS, Anthony. (1992) *A transformação da intimidade.* São Paulo: Editora Unesp.

GODELIER, Maurice. (1982) *La production de Grands Hommes.* Paris: Librairie Arthème Fayard.

GORDON, Linda. (1989) *Heroes of their Own Lives – The Politics of History of Family Violence*. Estados Unidos da América, Penguin Books.
GRAMSCI, Antonio. (1967) *La formación de los intelectuales*. México, D.F.: Editorial Grijalbo.
GREGORI, Maria Filomena. (1989) "Cenas e queixas". *Novos Estudos Cebrap*. São Paulo, n. 23, março/1989, p. 163-175.
GUATTARI, Félix. (1981) *Revolução molecular*. São Paulo: Brasiliense.
_____. (1990) *As três ecologias*. Campinas: Papirus.
_____ e ROLNIK, Suely (1986) *Micropolítica: cartografias do desejo*. Petrópolis: Vozes.
GIMBUTAS, Marija. (1982) *Godesses and Gods of Old Europe*. Berkeley, CA: University of California Press.
HARDING, Sandra. (1986) The Instability of the Analytical Categories of Feminist Theory. *Signs*, v. II, n. 4, p. 645-664. Foi traduzido para o português pela revista *Estudos Feministas*.
_____. (1980) *Sexism: The Male Monopoly on History and Thought*. Nova York: Farrar, Straus and Giroux.
_____ & GRONTKOWSKI, Christine R. (1983) The Mind's Eye, *in*: HARDING, Sandra & HINTIKKA, M. (orgs.). *Discovering Reality: Feminist Perspectives on Epistemology, Metaphysics, Methodology, and Philosophy of Science*. Dordrecht, Holanda: D. Reidel; Boston, p. 207-224.
_____ & LONGINO, Helen E. (1996) The Mind's Eye, *in:* KELLER & LONGINO (orgs.) *Feminism and Science*. Oxford & Nova York: Oxford University Press, p. 187-202.
HARTMAN, Mary S. & BANNER, Lois (orgs.). (1974) *Conciousness Raised: New Perspectives on the History of Women*. Nova York: Harper & Row.
HARTMANN, Heidi. (1979a) The Unhappy Marriage of Marxism and Feminism: Towards a More progressive Union, *Capital and Class*, n. 8, p. 1-33. Versão muito semelhante foi publicada em 1981, *in:* SARGENT, Lydia (org.) *Women and Revolution – A Discussion of The Unhappy Marriage of Marxism and Feminism*. Boston: South End Press, p. 1-42.
_____. (1979b) Capitalism, Patriarchy, and Job Segregation by Sex, *in:* EISENSTEIN, Zillah R. (org.) *Capitali$t Patriarchy an the Case for Socialist Feminism*, Nova York e Londres: Monthly Review Press, p. 206-247.

JOHNSON, Allan G. (1997) *The Gender Knot – Unraveling our Patriarchal Legacy*. Filadélfia, Temple University Press.
JÓNASDÓTTIR, Anna G. (1993) *El poder del amor. Le importa el sexo a la Democracia?* Madri: Ediciones Cátedra.
JUNG, Carl Gustav. (1985) *Sincronicidade*. Petrópolis: Vozes.
_____. (1982) *Aspects of the feminine*. Londres: Ark Paperbacks. Trata-se de reimpressão da Routledge, levada a cabo pela Ark Paperbacks. Recomenda-se a leitura de todo o livro, especialmente da parte III e, mais particularmente ainda, do capítulo final, com o título de The Shadow and the Syzygy.
KELLER, Evelyn Fox. (1985) *Reflections on Gender and Science*. New Haven e Londres: Yale University Press.
_____. (1987) Women Scientists and Femnist Critics of Science. *Daedalus*, Cambridge: American Academy of Arts and Sciences, p. 77-91.
_____. (2002) *The Century of the Gene*. Cambridge, Massachusetts, e Londres: Harvard University Press.
KERGOAT, Danièle. (1978) Ouvriers = ouvrières?, *Critiques de l'économie politique*, Nouvelle série n. 5, Paris, p. 65-97.
_____. (1984) Plaidoyer pour une sociologie des rapports sociaux. De l'analyse critique des catégories dominantes à la mise en place d'une nouvelle conceptualisation, *in: Le sexe du travail*. Grenoble: Presses universitaires de Grenoble, p. 207-220.
_____. (1996) Relações sociais de sexo e divisão sexual do trabalho, *in:* LOPES, M. J. M., MEYER, D. E., WALDOW, V. R. (orgs.). *Gênero e saúde*. Porto Alegre: Artes Médicas, p. 19-27.
KOEDT, A., LEVINE, E., RAPONE, A. (1973) *Radical Feminism*. Nova York: The New York Times Book Co.
KOTLIARENCO, María Angélica, CÁCERES, Irma, FONTECILLA, Marcelo (1997) *Estado de arte en resiliencia*. Organización Panamericana de la Salud, Ceanim-Centro de Estudos y Atención del Niño y la Mujer, julho/1997 (sem local de publicação).
KURZ, Robert. (2000) O eterno sexo frágil, *Mais!, Folha de S.Paulo*, 9/2/2000, p. 12.
LAURETIS, Teresa de (1987) The technology of gender, *in:* LAURETIS, T. de. *Technologies of gender*. Bloomington e Indianapolis: Indiana University Press, p. 1-30.
LENIN, V. (1960) *L'impérialisme, stade supreme du capitalisme, in: Oeuvres*, tomo 22, p. 212-327. Paris: Éditions Sociales; Moscou: Éditions en langues étrangères.

LERNER, Gerda (1986) *The Creation of Patriarchy*. Nova York/Oxford: Oxford University Press. Há edição espanhola.

LÉVI-STRAUSS, Claude. (1976) *As estruturas elementares do parentesco*. Petrópolis: Vozes; São Paulo: Editora da Universidade de São Paulo.

LONGINO, Helen. (1990) *Science as Social Knowledge: Values and Objectivity in Scientific Inquiry*. Princeton: Princeton University Press.

_____. (1996) Subjects, Power and Knowledge: Description and Prescription in Feminist Philosophies of Science, *in:* KELLER, E.F. & LONGINO, H.E. (orgs.) *Feminism & Science*. Oxford, Nova York: Oxford University Press, p. 264-284.

LUKÁCS, Georg. (1976-81) *Per una ontologia dell'essere sociale*. Roma: E. Riuniti.

MARX, Karl. (1951) Thèses sur Feuerbach, *in: Études Philosophiques*. Paris: Éditions Sociales.

_____. (1957) Introduction à la critique de l'économie politique (também conhecida como posfácio), *in: Contribution à la critique de l'économie politique*. Paris: Éditions Sociales, p. 149-175.

_____. (1957) Préface, *in: Contribution à la critique de l'économie politique*. Paris: Éditions Sociales, p. 3-6; p. 5.

_____. (1968) *Manuscrits de 1844 – Économie politique et philosophie*. Paris: Éditions Sociales.

_____. (1953) *L'idéologie allemande*. Paris: Éditions Sociales.

_____. (1971) *Elementos Fundamentales para la crítica de la economia política (borrador) 19857-1858*. Buenos Aires: Siglo Veintiuno, 3 tomos.

_____. (1946) *El Capital*. México DF.: Fondo de Cultura Económica, 3 tomos.

_____. (1963) *Le 18 brumaire de Louis Bonaparte*. Paris: Éditions Sociales.

MATHIEU, Nicole-Claude. (1985) "Quand céder n'est pas consentir. Des déterminants matériels et psychiques de la conscience dominée des femmes, et des quelques-unes de leurs interprétations en ethnologie", *in:* MATHIEU, N.-C. (org.). *L'arraisonnement des femmes*. Paris, Éditions de l'École des Hautes Études en Sciences Sociales, p. 169-245.

MEILLASSOUX, Claude. (1975) *Femmes, greniers & capitaux*. Paris: François Maspéro. Há tradução brasileira: *Mulheres, celeiros e capitais*.

MELLAART, James. (1964) *Excavations at Catal Hüyük: 1963*, Third Preliminary Report. *Anatolian Studies*, vol. 14, p. 39-120, *apud* Lerner, 1986.

MILLETT, Kate. (1969, 1970) *Sexual Politics*. Nova York: Doubleday and Company, Inc.; (1971) *La Politique du Mâle*. Paris: Stock.

MITCHELL, Juliet. (1966) Women: The Longest Revolution. *New Left Review*, Londres, n. 40, p. 11-37.
____. (1971) *Woman's Estate*. Nova York: Pantheon Books.
____. (1974) *Psychoanalysis and Feminism*. Nova York: Pantheon Books.
MORTALIDADE BRASIL – 1994 (1997) Brasília, Cenepi/Fundação Nacional de Saúde.
NAZZARI, Muriel. (1991) *Disappearance of the Dowry – Women, Families, and Social Change in São Paulo, Brazil, 1600-1900*. Stanford, Califórnia: Stanford University Press. PARSONS, Talcott. (1965) The Normal American Family, *in:* FARBER, S. M., MUSTACCHI, P. WILSON, R. H. L. (orgs.). *Men and Civilization: The Family's Search for Survival*. Nova York: McGraw-Hill, p. 31-50.
PATEMAN, Carole. *The Disorder of Women*. Stanford University Press, CA, 1989.
PATEMAN, C. *O Contrato Sexual*. São Paulo/Rio de Janeiro: Paz e Terra, 1993. A primeira edição é da Polity Press, em colaboraçao com Blackwell Publishers, em 1988, *The Sexual Contract*.
PINKER, Steven. (1999) *Como a mente funciona*. São Paulo: Companhia das Letras.
PORTELLI, Hugues. (1973) *Gramsci y el bloque histórico*. Buenos Aires: Siglo XXI.
RADFORD, Jill, RUSSELL, Diana E. H. (orgs.). (1992) *Femicide: The Politics of Woman Killing*. Buckingham: Open University Press.
REED, Evelyn. (1969) *Problems of Women's Liberation*. Nova York: Merit Publishers.
RUBIN, Gayle. (1975) The Traffic in Women: Notes on the "Political Economy" of Sex, *in:* REITER, Rayna R. (org.) *Toward an Anthropology of Women*. Nova York: Monthly Review Press, p. 157-210.
SAFFIOTI, H. I. B. (1969a) *A mulher na sociedade de classes: mito e realidade*. São Paulo: Quatro Artes. Posteriormente, o livro passou a ser editado pela Vozes: 1976, 1979. Em inglês, sua publicação é de 1978: *Women in Class Society*. Nova York, Londres: Monthly Review Press.
____. (1969b) *Professoras primárias e operárias*. Araraquara: Ed. Unesp.
____. (1977) Mulher, modo de produção e formação social, *Contexto*, n. 4, novembro, São Paulo, p. 45-57.
____. (1988) Movimentos sociais: face feminina, *in:* CARVALHO, Nanci Valadares de (org.) *A condição feminina*. São Paulo: Editora Revista dos Tribunais/vértice, p. 143-178.

_____. (1989) "A síndrome do pequeno poder", in: AZEVEDO, M. A., GUERRA, V. N. de A. (orgs.) *Crianças vitimizadas: a síndrome do pequeno poder*. São Paulo: Iglu, p. 13-21.

_____. (1992) "Rearticulando gênero e classe social", in: COSTA, A. de O. e BRUSCHINI, C. (orgs.) *Uma questão de gênero*. Rio de Janeiro: Rosa dos Tempos, p. 183-215.

_____. (1992) *A transgressão do tabu do incesto*. Relatório apresentado ao CNPq, 96 p. Apoio: CNPq.

_____. (1993) Circuito cerrado: abuso sexual incestuoso, in: *Vigiladas y castigadas*. Lima: CLADEM, p. 167-213. Edição brasileira: Circuito fechado: abuso sexual incestuoso, in: *Mulheres: vigiadas e castigadas*. São Paulo: Cladem, 1995.

_____. (1997a) Equidade e paridade para obter igualdade, *O Social em Questão*, n. 1, Revista do Programa de Mestrado em Serviço Social da PUC-Rio, jan./jun., 1997, p. 63-70.

_____. (1997b) No caminho de um novo paradigma. *Paper* apresentado na Mesa Redonda *Análises de gênero construíram paradigmas metodológicos?*, no XXI Encontro Anual da Anpocs, Caxambu, outubro/97.

_____. (1997c) Violência doméstica ou a lógica do galinheiro, in: KUPSTAS, Marcia (org.) *Violência em debate*. São Paulo: Moderna, p. 39-57.

_____. (1997d) No fio da navalha: violência contra crianças e adolescentes no Brasil atual, in: MADEIRA, Felícia R. (org.). *Quem mandou nascer mulher?* Rio de Janeiro: Rosa dos Tempos, p. 135-211.

_____. (1997e) Violência de gênero – lugar da práxis na construção da subjetividade. *Lutas Sociais*, São Paulo, PUC, p. 59-79.

_____. (1998) Prefácio a MORAES SILVA, M. A. *Errantes do fim do século*. São Paulo: Ed. Unesp, p. 5-9.

_____. (1993) *Violência doméstica: questão de polícia e da sociedade*. Inédito. Apoio: CNPq, Fapesp, Unifem, Unicef, Fundação Ford, Fundação MacArthur.

_____. (1999a) Já se mete a colher em briga de marido e mulher, in: *São Paulo em Perspectiva*, Revista da Fundação Seade, v.13, n. 4, out-dez/1999, p. 82-91. Número especial: *A Violência Disseminada*.

_____. (1999b) Primórdios do conceito de gênero, in: Campinas: *Cadernos Pagu – Simone de Beauvoir & os feminismos do século XX*, n. 12, especial, organizado por Mariza Corrêa, Pagu – Núcleo de Estudos de Gênero/Unicamp, Campinas, SP.

_____. (2001) *Gênero e patriarcado* (inédito). Relatório ao CNPq, que será parte do livro *Violência doméstica: questão de polícia e da sociedade*, 84 p.

_____. (2001) Contribuições feministas para o estudo da violência de gênero. *Cadernos Pagu – desdobramentos do feminismo*. Número 16, especial, organizado por Maria Lygia Quartim de Moraes, IFCH/ Unicamp, Campinas, p. 115-136.

_____. (2003) *Violência doméstica sob a lei 9.099/95*, Relatório apresentado ao CNPq, 140 p.

_____ e ALMEIDA (1995) *Violência de gênero – Poder e impotência*. Rio de Janeiro: Revinter.

SANTOS, Boaventura de Sousa. (1995) *Pela mão de Alice*. São Paulo, Cortez.

SARGENT, Lydia (org.). (1981) *Women and Revolution – A Discussion of the Unhappy Marriage of Marxism and Feminism*. Boston: South End Press.

SCOTT, Joan W. (1986) Gender: A Useful Category of Historical Analysis, *American Historical Review*, Vol. 91, n. 5. Também publicado em HEILBRUN, Carolyn G., MILLER, Nancy K. (orgs.). (1988) *Gender and the Politics of History*. Nova York: Columbia University Press, p. 2850. Versão brasileira: Gênero: uma categoria útil de análise histórica, *Educação e Realidade*. Porto Alegre: UFRGS, 1990.

STOLLER, Robert. (1968) *Sex and Gender*. Nova York: Aronson.

TERTULIAN, Nicolas. (1996) Uma apresentação à *Ontologia do ser social*, de Lukács, *Crítica Marxista*, São Paulo, Brasiliense, Vol. 1, n. 3, p. 54-69.

WEBER, Max. (1964) *Economía y sociedad*. México/Buenos Aires: Fondo de Cultura Económica.

_____. (1965) *Essais sur la théorie de la science*. Paris: Librairie Plon; Versão norte-americana (1949): *The Methodology of the Social Sciences*. Nova York: The Free Press of Glencoe. Versão brasileira (1993): *Metodologia das ciências sociais*. São Paulo: Cortez.

WELZER-LANG, Daniel. (1991) *Les hommes violents*. Paris: Lierre & Coudrier Editeur.

WHITBECK, Caroline. (1983) A Different Reality: Feminist Ontology, in: GOULD, Carol C. (org.) *Beyond Domination – New Perspectives on Women and Philosophy*. Totowa: Rown & Allanheld, p. 64-88.

YOUNG, Iris. (1981) Beyond the Unhappy Marriage: A Critique of the Dual Systems Theory. *In* SARGENT, Lydia (org). *Women and Revolution – A Discussion of the Unhappy Marriage of Marxism and Feminism*. Boston: South End Press.